平凡社新書
948

京アニ事件

津堅信之
TSUGATA NOBUYUKI

HEIBONSHA

京アニ事件●目次

第4章 事件があらわにしたこと……133

はじめに

2019年7月18日に発生した京都アニメーション放火殺人事件（京アニ事件）は、白昼、建物内にガソリンをまいて火をつけるという、稀にみる凶悪な犯行だった。しかも、多くの若いクリエイターの働く場が標的になったこと、そこは日本を代表するアニメ制作スタジオだったこと、そして結果的に、36名が死亡、33名が重軽傷を負うという大惨事になったことで、日本中に大きな衝撃を与えた。

本書は、京アニ事件の発生直後からの報道の経過を中心として、京アニのこれまでの歩みや、日本のアニメ史からみた京アニ、さらに事件やその報道が何をもたらしたのかについて、まとめたものである。

私は、主に日本のアニメ史をテーマとする研究者だが、事件当日から多くの報道機関から取材を受けた。そこでは、「京アニとはどういうアニメ制作会社なのか？」「代表作は何か？」という質問が連発して、日本の一般社会での京アニの知名度が、決して高くなかったことを痛感させられた。

また、事件を扱うテレビ番組や雑誌の特集にも協力し、結果的に年末まで事件報道に関わることになって、いまや日本の多くの世代にとって身近な存在であるアニメについて、今までにない角度から考え直すことにもなった。

私はもちろんジャーナリストではない。それが今回のような事件に関して検証し、総括することには、さまざまな意見・異論があろうかと思う。

しかし、その私が専門とする分野からすれば、確実にアニメ史年表に書き込まれる大事件であり、それをリアルタイムで経験した一人として、またジャーナリズムと対面する形で事件に関わった立場から、この記録を何らかの形で残せないかと考えた。

京アニ事件のような場合、事件当事者（被害者、容疑者）、その家族など関係者と、ジャーナリストという二極での問い直しがなされ、そこに法曹関係者がもう一つの軸を引くのが一般的な形だったと思う。今回私は、標的となったアニメの、それも制作者ではなく研究者という立場から、これまでとは異なる視点と切り口で、事件を捉える一断面を提示したかった。

つまり、アニメ制作スタジオが標的になったこの事件は、過去から現在に至る日本のアニメ制作事情や、アニメに関係する事件史などを前提として考察しなければ見えてこない事象も少なからずある。

加えて、その研究者の立場から、京都アニメーションやアニメ界について、いくつかの課題や提言を添えて、今後に供することができればと考えた。


事件を引き起こした容疑者は、大火傷を負いながらも一命を取りとめ、10か月以上の入院・治療を経て、私が本書の原稿を書き終えようとしている2020年5月27日に逮捕された。これから本格的な取り調べを経て、公判に入る中で、犯行の背景や詳細がさらに明らかになり、また動機の解明が進むことになるだろう。

しかし、犯行によって失われた命は、決して戻ってこない。

事件で犠牲になられた方々のご冥福を謹んでお祈り申し上げ、またご遺族、負傷された方々やそのご家族、そして京都アニメーション関係者の方々には、衷心よりお見舞い申し上げる次第である。
そして、京都アニメーションの一日も早い復興を、願ってやまない。

令和2年6月1日

津堅信之

第1章　メディアは事件をいかに報じたか

1、事件初日

相次いだ取材依頼

勤務先の大学で、いつものように午前中の講義を終え、教職員室に戻ってノートパソコンからインターネットに接続すると、次のようなニュースのヘッドラインが眼に飛び込んできた。

「京都アニメーション火災　負傷者多数」

2019年7月18日（木曜）、12時20分頃のことである。火災発生から2時間近くが経っていた。3階建ての瀟洒《しょうしゃ》なビルから黒煙があがる映像がいくつもアップされていた。被害状況も、毎日新聞電子版で「市消防局によると、けが人は少なくとも38人で、うち10人はけがの程度が重く、意識不明の人もいる。また、10人が中等程度のけがで、18人が軽傷という」（12時17分配信）と、詳細が伝えられはじめている。

いったい、どういうことなのか。何が起こったのか……。

大いに動揺しながら、私はこの日の午後の予定をこなすべく、バスに乗って移動した。バスの車中で、配信されているニュースを次々に見たが、どう見たところで現実感がない。しかも、この時点ですでに、放火の疑いがあるとの内容が添えられていた。

これは大変なことになるな、と私は思った。放火だとすれば、京都アニメーションに対する何らかの感情が、こうした事態を招いたことになる。

バスを降りたとき、私の携帯電話に着信があった。10年近く前に単行本を出した京都の出版社からである。電話に出ると、相手は当時の担当編集者で、

「ご存じだと思いますが、いま京都アニメーションが火災で……」

あるテレビ局から、私のコメントが欲しいと、私の連絡先の問い合わせが出版社にあったというのである。時刻は13時22分、ひとまず先方の連絡先をメモして電話を切り、あらためて私は自分のフリーメールのメールボックスを見ると、同じテレビ局と、別のテレビ局からの2本のメールが着信していた。いずれも、午後から夕刻にかけての報道番組で私のコメントが欲しい、中には、局に来てもらえないなら、私が一番合流しやすいところへ車をとばして行く、さもなければ電話で声の出演だけでも構わないから、という依頼である。

私は考え込んだ。先ほど、「放火らしい」という情報に接したばかりである。時事通信が配信した記事でも、次のように伝えている。

18日午前10時半ごろ、京都市伏見区桃山町因幡にあるアニメ制作会社「京都アニメーション」の第1スタジオで爆発を伴う火災が発生し、1人が死亡した。負傷者は30人を超え、京都府警によると、病院に搬送された人の中にも死者がいるとみられ、連絡が取れない人も約20人いる可能性がある。府警は現場付近で火をつけたとみられる男（41）の身柄を確保。「液体をまいて火をつけた」という趣旨の話をしており、放火の疑いもあるとみて事情を聴く。[*1]

多くのスタッフが肩を寄せ合うようにして懸命に絵を描いているアニメスタジオ、内部は紙など燃えやすいものばかり、しかも火災原因が放火……。

これは相当にデリケートな問題に発展する可能性があると思わずにはいられなかった。後で述べるように、アニメがらみの「事件」は過去にいくつかあり、決まってその容疑者像に注目が集まって、アニメが「悪者」になり、ひいてはアニメファンがひと括りに蔑視され、忸怩《じくじ》たる思いをしたアニメファンは数知れない。

まだこの時点では、火災の原因、確保された容疑者と思われる男、その動機、いずれも確定情報ではないが、だからこそ、アニメの「専門家」とされる私であっても、なまじっかの私見を述べることはできない。

そう考えた私は、入っていた取材の依頼をいずれもお断りした。テレビ局のこうした取材依頼の場合、私だけではなく、複数の関係者に同時に依頼しているはずだから、私が断ったとしても、誰かがなんとかしてくれるだろう、とも考えた。

あとでわかったのだが、この日の夕刻にかけて、やはり友人知人のアニメ研究者や評論家、またアニメスタジオの制作者のところへ、次々と取材依頼が入っていた。その一方で、取材を断ったという人も、かなり多くいた。断った理由は、関係者それぞれ違いはあるだろうし、私と単純比較するわけにはいかないが、この「多くの専門家や関係者が報道機関からの取材を断った」ことは、今回の事件の一つの特徴で、これについては後で詳しく考えてみたい。

その一方で、事件発生直後から精力的に取材に応じている知人の研究者もいた。夕刻になって自宅に戻り、ネットやテレビなどでそうした仕事ぶりを見ていて、私はまた考え込んだ。

多くの人は京アニ自体を知らなかった

火災の被害状況は刻一刻と明らかになり、死者は増え、安否不明者も数十人にのぼってきた。これが放火だとすれば、凄惨きわまりない。しかも、非常に気になったのは、夕刻にかけての報道で、容疑者と思われる男が「パクリやがって」と発言していたという。産経新聞電子版は、次のように伝えた。

「京都アニメーション」で18日に起きた火事で、ガソリンのような液体をまいた男が京都府警の警察官に確保される際、「パクリやがって」と叫んでいたことが現場周辺の住民らへの取材で分かった。府警によると、男は「死ね」と叫んで建物内に入ってきたとみられるという。[*2]

事件そのものについては、とてもコメントできる状況ではない。そうした中でマスコミ取材に応じていた知人らは、「京都アニメーションとはどういうアニメ制作会社か」についてコメントしていた。各報道でも、その内容は必ず取り上げられ、京アニの代表作が紹介されている。

マスコミは、そして一般の日本人の多くは、京都アニメーションという会社を知らなかった——。

このことに私は驚き、またショックでもあった。スタジオジブリなどと同じくブランド化している京アニだが、ジブリとは違って主にテレビの深夜帯を作品発表の場にしてきたためか、知名度は高くなかったのである。

私もこれまで、仕事で京アニを本格的に取り上げることはなかったし、京アニ作品をくまなく追いかけることもなかった。しかし、戦前以来の日本アニメ史からみた京アニの特徴は、一通り説明できる。実際、報道対応している知人も、「京アニのことを正確に説明する役割がある」という趣旨で、SNSで発言している。

SNSといえば、ツイッターは、文字通り混乱の極みになっていた。事件への怒り、京アニ所属のアニメ監督やアニメーターらの安否を気遣う声、そして翌日に最新作『天気の子』の劇場公開を控えていた新海誠《しんかいまこと》監督が「京都アニメーションの皆さま、どうかどうかご無事で」とツイート（18日12時17分）し、どういうわけか、それに反応したアニメ制作関係者の投稿が炎上するなど、アニメに関係する多くの人が冷静さを失っていた。

京アニは「唯一無二の存在」

同日午後、京都アニメーション本社前で、集まった報道陣の取材に応じた八田英明社長は、「こんなことになり残念で断腸の思いだ」と心境を吐露した。そして、京アニには数年前から作品への批判やスタッフの殺害予告が相次ぎ、「弁護士に相談したり、警察に被害届を出したり」していたが、「ここまでする人がいるとは想像もできなかった」[*3]。

NHK NEWS WEB（18時1分配信）では、確認された死者数のほか、「出火当時、建物には従業員などおよそ70人がいた」と伝え、第1スタジオの各フロアの図面をもとにした被害状況も解説された。

もはや史上最悪の放火殺人事件になるであろう現実があり、その被害を受けたのが2000年代以降の日本のアニメシーンを鮮やかに彩ってきた京都アニメーションであるというもう一つの現実を踏まえて、これから報道機関から取材依頼があったら、私も、でき得る限りの対応をしようと決心してまもなく、19時50分頃、朝日新聞の記者から電子メールが届いた。以前私の著書を紙面で取り上げてくれた記者で、それ以後連絡を取り合うことはなかったが、現在京都総局におり、「事件の取材をしている。電話で話を聞けないか」という依頼だった。

事件そのものについてはコメントしない、という前提で、私は先方に電話をかけ、久しぶりの記者に対して、京都アニメーションとはどういうスタジオか、作品はどんな点が特徴で、かつ優れているのか、といった質問に答えた。

記者の対応は素早く、電子版で同日20時52分に記事が配信され、私のコメントは、次のようにまとめられていた。

> 京都アニメーションは他のスタジオにはまねのできない、唯一無二の存在だ。色使いが特徴的で、微妙な中間色はファンが見ればすぐ京アニとわかるほどだ。年頃の女の子の指先や目の表情などキャラクターの細やかな動きも他の追随を許さず、女性ファンも多い。[*4]

京アニは「唯一無二の存在」という文言は、以後、報道機関への対応の際、私のキーワードとなる。

そして翌日から、私は取材対応に追われることになった。

2、「専門家」の多くが沈黙——事件翌日

噛み合わない会話

重苦しい夜が明け、7月19日朝、テレビは事件の続報を大きく伝え、主要紙も事件の詳報に加えて、社説で一斉に取り上げた。

この日私は夕刻まで自宅にいたが、私のもとへは、フリーメール、電話、フェイスブックのアカウントを含めて、午前中だけで民放5件、新聞1件、週刊誌1件の取材依頼があり、それは午後も続いた。私の勤務先の大学を通した連絡も多く、後から聞くと、取材依頼への対応（私の所属大学は外部からの依頼に対しては原則として連絡先を教えない）で、しばらく業務が止まるほどだったという。

事件直後から取材に対応していた同業者に比べると、件数はこれでも少なかったはずだ

が、私への依頼が急増したのは、昨日夜の朝日新聞電子版に掲載されたコメントを見てのことに違いない。2日目になって、報道各社とやりとりするうちに、多くの専門家が取材を断り、コメント取りが困難になって、対応してくれそうな一人として私が認識されたとわかってきたからである。

しかし、「京都アニメーションは、どういう会社なのか？」といった質問への回答は、容易ではなかった。単に、先方がアニメの歴史や技術に詳しくないからではない。質問するのは社会部の記者で、私が普段マスコミ関係者として付き合いのある文化部の記者とは求める情報や言葉遣いも異なり、会話がうまく噛み合わないのである。

たとえば、あるテレビ局のディレクターは、次のように質問した。

「京都アニメーションは、業界の中では大手なのですか？」

そう言われてみれば、アニメ業界では大手、準大手、中堅といった区分でスタジオ（会社）が語られることはない。

「大手かどうか……。アニメ制作会社といっても業容はいろいろで、『絵を描く』形で作品を実際に制作するスタジオの場合、放送局などの発注者から直接受注する元請《もとうけ》スタジオと、その元請からお手伝いで仕事を分担する下請《したうけ》スタジオとがありまして、この違いが大きいのです」

「なるほど、そうすると京アニは？」

「京アニは元請スタジオです。でも、元請スタジオが『大手』かというと、そうとも言えませんし……。ああ、株式を公開している制作会社はいくつかありますが、それが世間的には『大手』と言えますか……。京アニは、非公開ですが」

などと答えるしかない。

この「大手なのか？」という質問は何度もあり、私も次第に「スタジオの規模、実績などからして、京アニは『準大手』といえるかもしれませんね」と答えるに至っていた。私は取材を受けなかったが、京都新聞電子版の記事でも「１９８１年の創業時は下請けだったが、今では業界準大手に成長した」[*5]と伝えていることを後から知った。

「京アニの作品の特徴は？」という質問は、すべての報道機関から受けた。

私は、作品づくりの丁寧さ、色使いや作画の特色、キャラクターデザインや演技など、いくつかの切り口で説明したが、どうしても専門用語を交えることになるので、記者たちには伝わりにくかったようだ。そして、そうした技術面の話の前提として、京アニが創業以来育んできた独自性について、アニメ史を絡めながら解説したが、これらはほぼ記事になることはなかった。

　この日の午後になって依頼してきた全国紙の記者からの電子メールは、「京アニの独自性と革新性について知りたい」という文面で、「できれば午後5時までに」と添えてあった。折り返しこちらから電話して、「独自性と革新性」という言葉の通りに説明したが、午前中から、これが7件目の対応で、1件あたり15〜30分は時間をかけているため、私も少々疲れてきていて、

「とにかく、日本のアニメ界を変えるような仕事をしてきた京アニが、よりによって、こんな凄惨な事件で一般に名を知られるようになったことが残念きわまりないです。私が研究者として京アニのことをもっとアピールできなかったか、それを考えると慚愧《ざんき》に堪えません」

　と、言い訳にも聞こえる言を吐く始末で、まだ入社まもない感じの相手の記者には申し訳なかった。


「アニメ業界には、パクリっていうのはあるんですか？」

　一方、テレビ局の取材には、注意せざるを得ない点があった。ほとんどすべての取材例

で、電話を通じて私のコメントが録音され、それを編集した上で、報道番組で「専門家の声」としてオンエアされる可能性があったためである。新聞や雑誌でも、私のコメントが活字になって掲載されることにはなるが、自分の声が流れるテレビというのは、より大きなリスクを感じる。

あるテレビ局のディレクターは、京アニはどういう会社か、代表作は何か、といったことに加えて、

「アニメ業界には、パクリっていうのはあるんですか？」

と訊いてきた。

すでに触れたように、容疑者と思われる男が警察に確保される際、「パクリやがって」と叫び、男と京アニとの関係が、憶測を中心にさまざま取りざたされていたためか、この「パクリ」発言についての見解も、数社から訊かれた。このディレクターは、これが一番訊きたかったことらしい。

「パクリですか？　私は聞いたことはありませんが、エンタメの世界ですから、アイデアの出どころや発想の原点とかは、いろいろな捉え方があるでしょう」

「でも、実際、どんなものなんでしょうかねえ。我々テレビ業界でも、パクリはよくある

ことなんですが」

そんなことを言われても、こちらの知ったことではない。それにこのディレクター、言葉尻にかすかに笑いを含んでいる。

私は頭に血が上りかけたが、ここで逆上するわけにはいかない。

「だけど、容疑者の男が『パクリ』って言ったのは、確かなんですか？」

「確かですよ。警察発表にもありましたし」

「では訊きますが、その男のこれまでの病歴とか通院歴とか、そういったことはわかっているんですか？」

「それはまあ、はっきりしませんが」

当該局の番組で、私の音声が使われたかどうかは、確認していない。

7月19日は、新海誠監督の最新作『天気の子』の公開日である。私は、新海監督のこれまでの歩みを解説した『新海誠の世界を旅する』（平凡社新書）を書き、それが１週間前に発売されたばかりである。

夕方になって、『天気の子』を見るべく新宿の映画館へ向かって歩いている時、携帯電話に着信があった。知らない番号だったが、出てみると、週刊誌『FLASH』の記者からだった。先方がなぜ私の携帯電話番号を知っているのか不思議だったが、出てしまったので、街角の立ち話で取材に応じた。

私は、京アニの「独自性は唯一無二」であること、作画や感情表現に優れ、海外ファンも少なくないことなどを答えたが、報じられていたスタジオへの「脅迫メール」の真偽については答えようがなく、また「アニメ界に及ぼす事件の影響」については、まだ事件や被害の全貌が明らかではないのでコメントできない、と応じた。記事は、同誌8月6日号に掲載された。[*6]

そして、『天気の子』上映開始10分前になってメールボックスを確認すると、通信社から取材依頼が入っていた。時間はないが、ともかく先方に電話を入れ、「明日あらためて電話を」ということになった。

発言することのリスク

こうして事件2日目、私は自身の能力の及ぶ限り、報道各社の取材に応じたが、アニメだけではなくサブカルチャー全般に精通し、京アニの位置づけなどを解説できそうな関係者らの中にも、取材を断り続けた者が少なくなかった。

しかも、ただ断るだけではなく、SNSなどで「謹んでお断りした」「私がコメントする範疇を超えている」「まさかと思ったが自分のところへも取材依頼があった。5、6件断ったら、もう電話はこなくなった」などと、取材拒否したことをわざわざ公に表明する行動が目立ったのである。

結果、数人の研究者や評論家に取材依頼が集中し、私のところへもメールや電話が相次いだ。そして取材を承諾すると、先方の記者は「よかった。何人にも断られたので」とホッと息をつく、というパターンが続いた。

事件当初は、私も取材を断っていたので、翌日にかけてのこの状況は理解できる。それは、事件の凄惨さ、異常性を前にして、不用意に発言することによるリスクを避けようとするものである。何より、記者らの質問に対して何と答えてよいのかわからないという、ごく素朴な理由もあったと思われる。

もう一つ、現代アニメを専門的に扱っている評論家や研究者ならまだしも、そうでない識者らは、意外と京アニの作品を見ていないということもある。京アニ作品はテレビアニメシリーズが多いので、リアルタイムで毎週視聴するのは大変だし、録画やDVDなどパッケージ、ネット配信などで一気に見るにも時間がかかる。専門家ばかりではなく、ファンであっても全作品を網羅しているのは、生粋の京アニファンに限られるだろう。このため、個々の作品についての細かい意見を求められると、うまく答えられないのではないかという、ある種のプレッシャーを感じていたとも考えられる。

それは私も同じだった。したがって、京アニ作品といっても見ている作品と見逃している作品がある、それを前提に説明させてほしいと前置きした上で対応しつつ、私の専門分野である歴史的な視点から京アニの足跡や業績を解説するに至った。もっとも、歴史的な話は、紙面ではほとんど載らなかったから、やはり社会部の記者らは「いま」の話題をもって京アニを説明したかったのだろう。

しかし、取材を敬遠した関係者が多くなった事情には、もう少し複雑な背景があり、これは後章で詳しく述べたい。

産経新聞は、19日深夜に配信した記事で、「京都府警は19日夜、新たに男性1人が死亡したと発表した。事件による犠牲者は計34人になった」[*7]と報じた。

同日夜、京都アニメーション社長の八田英明は、報道機関向けに書面でコメントを発表した。「アニメーションを志し全国から集まった若者たちがこんなかたちで将来を閉ざされてしまったことが残念で、残念で言葉に出来ません。当社にとって、そして業界にとっても大きな痛手です。一人ひとりが本当に優秀で素晴らしい仲間たちでした」という文面は、すべての京アニファン、そして京アニ関係者らの心情を代弁するものだった。

私は、2015年までの約10年間、関西の複数の大学で教えていて、縁のあった卒業生数名が京アニに就職している。彼ら彼女らとは音信を交わす術がなく、いや、正確に書くと以前やりとりしていた古いメールアドレスは残っている。しかし、どうしてもこのタイミングで連絡する気になれず、事件の様相と、卒業生らの安否を考えるにつけ、息も詰まりそうな時間を過ごすばかりだった。

3、史上最悪の放火殺人事件——事件発生3日

防火設備に落ち度はなかった

事件発生3日目の7月20日までに、事件による犠牲者は34人となった。

過去の類似の事件と比較すれば、2001〔平成13〕年9月1日に発生した東京・新宿歌舞伎町ビル火災で44人が死亡した例はあるが、この出火原因は放火と思われるものの、現在まで特定されていない。このため、厳密には「事件」とは言えない。

一方の京アニの件は、火災翌日には確保された男の氏名が公表され、火傷治療を優先するため逮捕はされていなかったものの「容疑者」の呼称が使われたから、まぎれもなく事件であり、当日の容疑者の行動や発言から「放火殺人事件」とされるようになった。

京アニ事件は、国内では史上最悪といえる放火殺人事件になってしまった。単独犯による殺人事件としてみても、記憶に新しい「相模原障害者施設殺傷事件」〔2016〔平成28〕年7月26日、犠牲者19人〕や、戦前の「津山事件」〔1938〔昭和13〕年5月21日、犠

牲者30人）をも超えた。

３日目になると、被害の大きさや凄惨さとともに、火災の経過に注目が集まった。容疑者がスタジオ入口にガソリンをまいて火をつけ、爆発的に一気に燃え広がる「爆燃現象《ばくねん》」が起きたと思われたが、それにしても燃え広がり方が急過ぎたためである。このため、スタジオ内の１階から３階までつながっていた螺旋《らせん》階段が炎の急拡大の原因になったのではないか、さらには、スタジオ内の防火設備は万全だったのか、といった疑問が、火災や防災の専門家から出始めたのである。

しかし、事件５日目の７月22日、京都市議会で、同市消防局が京アニについて、「消火活動や避難方法を確認する訓練に従業員のほぼ全員が参加して」いたこと、２０１４年度には伏見署長表彰を受けていたが、これは「訓練に従業員の大半が参加している点が評価され、直近にあった昨年11月の訓練でも９割に当たる70人が参加した」と報告した。[*8]

さらに、防火設備についても、「スタジオには消火器などが設置され、消防計画の届け出もあった。らせん階段には、火災時に煙の広がりを防ぐ防煙垂壁《たれかべ》が取り付けてあった」ことが明らかになった。[*9]

京アニは、少なくとも法令上の防火設備に落ち度はなく、防災にも熱心なスタジオだったのである。

「地方発」と「聖地巡礼」

事件後3日経つと、件数は減ったものの、報道機関から私への取材は続いていた。ただし、事件の様相や被害状況が明らかになってきたため、取材内容も変化してきていた。

ある通信社の記者とは、電話でかなり長くやりとりしたが、その中で、現在の日本のアニメ業界で京アニはどのように理解されているのか、という話題になった。これは、今回の事件報道で盛んに使われた「京アニ・クオリティ」というキーワードに象徴されるような、高い技術力や独創性といったことよりも、そうした京アニがアニメ業界全体からどのように見られていたのか、という視点が含まれている。この質問を出したマスコミは、意外に少なかった。

私は、「京アニは独立国」と答えた。京アニの作品がどれほど注目され、ヒットしたとしても、それがアニメ業界全体に影響を及ぼす度合いは低く、いわば「孤高の存在」であって、それはスタジオジブリに近い、という見立てである。

また、火災によって焼失したと思われる資料にも話題が及んだ。事件翌日くらいから大きくなっていった話題の一つである。アニメーターらが作画した原画など紙資料はほぼ絶望的だが、スタジオ1階に設置されていたサーバーの焼損の実態が不明で、内部に保存されているデジタルデータの残存状況もわかっていなかった。

7月23日、ある全国紙からは、東京中心のアニメ界にあって、京アニは東京以外の地方を拠点としたこと、また、いわゆる「聖地巡礼」ブームを興した作品を多く制作してきた点についての見解を訊かれた。

国内のアニメスタジオの9割以上が東京を中心とする首都圏にあり、結果的にアニメに関係する人材や資金も一極集中になっている状況は、京アニが京都で創業した1981年当時も同じだった。したがって、京アニは「地方発のアニメスタジオ」の先駆け的存在になったことは間違いないのだが、京アニが設立当初から「地方発」を強く意識していたというよりも、設立から数年、十数年と業容を拡大していく中で、地方に存立していることの利点を徐々に確信し、それをスタジオ全体の気風に活かしていったという流れがあったように考えられる。

もう一点の、実在の街や建物などを舞台とするアニメがきっかけになって、その街などにファンが来訪する「聖地巡礼」は、主に2000年代以降のアニメの新たな楽しみ方として注目されてきた。実在の風景をアニメ作品に取り込む手法は日本のテレビアニメでも古くからあり、京アニが最初のものではないが、京アニ作品のヒットが起爆剤となり、現代アニメの潮流の一つを確立したことは間違いない。

地方発のアニメスタジオ、聖地巡礼、この2つのキーワードは、日本のアニメ史を通して京アニの仕事を評価しようとする際に重要なもので、第3章で詳しく取り上げる。

事件から日が経つにつれ、京都アニメーションが積み上げてきた業績を、マスコミ側も立体的に捉えなおそうという動きになったということである。

事件の犠牲者は誰なのか

そうした中で、予想し得なかった2つの動きに驚かされた。

一つは、世界各国からの追悼の声である。事件は欧米や中国など海外の多くのメディアで速報され、ついで京アニの業績を伝える論評を掲載した。たとえばアメリカの *The New York Times* では現地時間7月18日に早くも長い解説記事を掲載し、日本アニメ事情に通じた研究者のコメントとともに、『涼宮ハルヒの憂鬱』『Free!』『映画 聲の形』などの代表作を紹介した。[*10]

また、ツイッターでは、#prayforkyoani（追悼・京アニ）のハッシュタグが拡散し、世界中のファンらが応え、哀悼と、京アニを支援する声に溢れた。

事件の重大性に鑑みて世界のメディアが注目するのは当然で、また京アニ作品は海外の日本アニメファンにも人気が高い。したがって、ここまでは私の予想範囲だった。

ところが、アメリカ・アップル社CEOのティム・クック、台湾の蔡英文総統、カナダのJ・トルドー首相、国連のA・グテーレス事務総長ら、世界の要人らが追悼のコメントを次々と発したのは、かつてないことだった。要人らは、京アニを認識していたというよりも、事件の大きさからメッセージを発したのかもしれないが、そうであったとしても、影響力の大きい彼らの言葉に端を発した「KyoAni」の語の広がりは、大きなインパクトとなったのは間違いない。

もう一つは、事件直後から京アニを支援するための寄付の申し出が、国内外から起こったことである。国外からはともかく、元来、日本には寄付文化がなく、自然災害時などの義援金が集まることがあっても、一私企業に対して多額の寄付が集まる状況は、私には想像できなかった。義援金（寄付金）は、総額で33億4138万3481円が寄せられた。[*11]

そしてもう一つ。事件での犠牲者は、誰なのか。

事件発生直後から、京アニ所属の監督やアニメーターらスタッフの安否について、ツイッターなどで急速に情報が拡散し、かつ錯綜した。ごく一部のスタッフは事件後にSNSなどで反応し、いわば無事が確認された形になったが、そうした反応がないスタッフらは「安否不明」として、また程なくして「亡くなったらしい」と伝えられ、事件発生3日目ともなると、匿名のネットユーザーらが作成した真偽不明の「安否確認リスト」が数多くネット上にあげられ、それらは随時「更新」されて、関係者やファンたちを困惑させた。

この問題は、京アニ事件特有のもので、以後1か月以上にわたって、犠牲者の実名報道を行うのか否か、また行うとすれば、それはどのような形で、どのような意味があるのかが議論されることになった。

この問題は第4章で詳しく再考するが、前提として、なぜこれほど「安否確認リスト」が作成、拡散されたのかについての事情を一つ、指摘しておきたい。

それは、アニメのクレジットタイトルの重要性である。

クレジットタイトルとは、アニメや映画、テレビドラマなどのオープニングやエンディングで、その作品の出演者（声優）やスタッフの名前を表記するものである。映画のエンディングでは、画面下から上に向かってスタッフ名が巻物のように流されるため、エンドロールとも言われる。

このクレジットタイトルに、アニメファンは強くこだわる。演出や作画監督などの著名なメインスタッフだけではなく、末端のアニメーターの名前にも注目する。

34人の犠牲者の中に著名なスタッフがいるかどうかだけではなく、34人全員の名前が重要なのである。

4、「犠牲者」から「犠牲物」へ——事件発生1週間

資料が焼失した影響

犠牲者についての真偽が不明な情報が錯綜する一方で、そうした現状に、ある種の危機感を抱いたのだろう、一部の犠牲者の遺族が自身の判断で、マスコミの取材に応じ始めた。

事件の残酷さがあらためて報じられる中で、マスコミ関係者らは、さらに視点を少しずつ変えていった。

7月23日、ある全国紙から取材依頼があった。これまでと同じく、京アニの作風や、事件がもたらした影響といったことに加えて、この取材では2つ、新たな質問が加わった。

一つは、アニメーションを学ぶ学生にとっての京アニは、どういった存在か、である。私が現在に至るまで、複数の大学でアニメーション教育に携わっていることを踏まえての質問だった。

アニメーションを学ぶ学生の中で、京アニに入りたいと考える学生は多い。特に地元の京都、関西には、京アニ志願者は多い。私もそうした学生に身近で接してきたので、実際に京アニへ就職できる学生は限られることも知っている。

京アニへ就職できるのは、単に絵がうまいとか、ソフトウェアを扱うスキルが高いといった者たちではない。もっとも、このあたりの経験的知見を、取材を受けた時点では私自身うまくまとめられておらず、あまり具体的には説明しなかった。

もう一つの質問は、放火で全焼した第1スタジオ内で保管、もしくは現に使われていた原画など紙資料の焼失が、今後どのような影響を及ぼすかで、これ以後、複数の報道機関から訊かれた。

翌7月24日、産経新聞の記者からメールで取材依頼があり、この時は事件によるアニメ界への影響、損失などを訊かれたにとどまったが、2日後には同じ記者から、火災によって資料が焼失した影響について、詳しく質問を受けた。

ちょうどこの頃、全焼したスタジオ1階のサーバールーム内が無事であることがわかったが、火災の高熱による影響を受けていないか、過去作品を含む原画などのデータ類が回収可能かどうかを今後確認することが報じられた。[*12] 同時に、京アニ作品の原画約70点が火災を免れ、徳島市の書店で展示中であることが判明した。[*13] こうした事情を受け、記者は私に見解を求めたのである。

アニメの原画は、日本では現在でもアニメーターによる手描きを採用しているスタジオが多い。原画は紙に鉛筆で描かれるが、これらはスキャナでデジタルデータに変換され、次の作業工程にまわされつつ、原画のデータもそれとして保存される。これらのデータが焼損を免れたサーバーから回収できれば、ナマの紙資料ではないものの、それに限りなく近いものが復元できる可能性が高まるのである。これは、京アニのこれまでの膨大な仕事の実績、現在制作途上の作品の制作作業の進捗、そして今後に至るまで、京アニのスタジオとしての復興に関わるきわめて重要なポイントだった。

ただ、この問題を語るためには、アニメ制作に関する高度に専門的な知見が必要になる。この取材でも、アニメーターの職分（原画、動画など）による作業の違い、テレビアニメ1話あたりの平均的な作画枚数、手描き制作からデジタル制作への変化と現状、そして「サーバーにデータが保管されている」とはどういうことなのかに至るまで、記者から受けた質問に私は回答したが、記事を書くのに苦労したのではないかと想像される。

先に紹介した産経新聞電子版の2件の記事がそれで、私のコメントも掲載された。

制作途上の原画は「中間生成物」

しかし私は、京アニの今後を左右する問題であることは十分理解しながらも、こうした報道の推移には、違和感を覚えていた。

それは、報道の視点が犠牲者から、焼失した原画類などの「モノ」へと移っていったことである。現場で明らかになる状況は日一日と変わり、アニメ作品を日々制作しているスタジオであれば、作品の「現物」である原画類が焼失したとすれば、それはもちろん重大なことである。

ただ、この問題は、実は非常に複雑で、また根深さをも内包している。

まず、京アニが保有していた資料は、過去作品の保存資料と、現在進行形で制作中の資料との、少なくとも2つに分けることができる。前者については、図書や美術品、公文書などと同じくアーカイブ（記録の保存・活用）に関わるものであり、後者については、制作進行中の作品の完成の可能性や、その時期に関わるものである。

一方で、アニメ関連資料のアーカイブは、これまではもっぱら各制作会社の判断、あるいは個人コレクションによってなされてきたのが日本の実情で、公的なアーカイブの必要性や方策については、かなり古くから問題にされてきた経緯がある。近年、デジタル制作が主流になったことをふまえて、再び議論が活性化しているが、現在のところ、その明確な指針や方策について合意形成が得られているわけではない。

加えて、アニメ、漫画などの資料のアーカイブは、10年以上前から一部の国会議員らが政策の一つに掲げており、現在も超党派の議連が組織され、国立のアーカイブ施設設立を目指している。

アーカイブに関する議論は、京アニ事件で注目された問題の一つで、第5章で解説するが、たとえばアニメーターが手描きした原画は、確かに一点ものの貴重な物品だが、アニメはあくまでも放送・上映される映像が完成品であり、制作途上の原画は「中間生成物」ともいえる。事件1週間を経た当時の私の違和感は、その点に由来する。

専門家の間では、アニメの原画類も一つの作品と捉えるか、中間生成物か、意見が分かれており、私がここで述べた中間生成物とする意見は圧倒的に少数派である。だが、多くの人命が失われた中で、いくら貴重な一点ものだからといって、犠牲者から「犠牲物」へと、こうも簡単に注目点が変わってよいものなのか。

7月29日午後、NHKとテレビ朝日から取材依頼を受け、このいずれにも焼失資料についての見解を問う内容が含まれていた。

NHKは、数日後の生放送番組への出演依頼で、どうしても都合がつかず辞退したが、テレビ朝日は「報道ステーション」のディレクターからの取材を受け入れた。

当日私は所用で鳥取県におり、夜7時半過ぎ、某駅前で携帯電話越しのいくつかの質問を経て、資料の焼失については、次のような趣旨で答えた。

スタジオのサーバー内のデータがどの程度回収できるかは、現段階ではわからないが、アニメの原画はあくまで完成作品に対する中間生成物です。原画が焼失したなら、また描き直せばいいんです。サーバーからデータが回収できれば、限りなく現物に近い絵が復元できます。しかし、失われた人の命は、決して戻ってきません。

人材の損失の重大さを考えれば、焼けた原画類のことは忘れてもいい、とまでは言わなかったが、その時自分が考えていたことを率直に話した。

幸か不幸か、鳥取県はテレビ朝日系列の地上波が入らず、当日宿泊したホテルのテレビでもオンエアは見られなかったが、数日後、オンエアを見ていた知人から聞き、上記の内容はあまりカットされることなく使われたことを知った。

NHKのほうは、結果的に出演を辞退したが、依頼メールには質問項目が4点あり、そのうちの一つに「一流のクリエイターたちが犠牲となった事件の重さをどのように受け止めているか」があった。回答はテレビ朝日でのやりとりとも重なるものだが、メールでの返信で私が強調したのは、次の内容だった。

アニメの原画やレイアウトは作品の「中間生成物」であり、美術品などの芸術品、工芸品とは位置づけが異なります。それが焼失したことを、ことさら大きく取り上げるのは不適切とも考えます。特に、犠牲者のご遺族にとっては、焼失品のことを大きく取り上げられるのは、耐えられないでしょう。

優秀なアニメーターが犠牲になったことは確かですが、「優秀」かどうかではなく、尊い35人もの命が失われたこと、そのことによって京アニが広く知られるところとなったことに、いまも強いショックを覚えています。

事件による犠牲者は、この2日前の7月27日に1人増え、35人になっていた。

そして、同じ27日の深夜、私が教えていた関西の大学の卒業生から連絡があった。連絡者の同窓生の一人で、私も知っている卒業生が犠牲になり、きょうの葬儀に参列したとのことだった。

5、誰が犠牲になったのか——事件発生1か月

不確実な「犠牲者情報」の拡散

8月に入り、事件に関する話題は、「犠牲者は誰か」に集中した。これはすなわち、犠牲者の実名を公表するか否かの問題に直結する。

実際にすべての犠牲者の実名が公表されたのは、事件発生から40日後の8月27日である。その間、実名を公表するのか、するとすればその方法、タイミングなど、デリケートな問題に対して、京アニ、遺族、地元警察、報道機関、そして警察庁から国会議員に至るまで、さまざまな意見や要望が交錯し、異例ずくめの経過をたどったことが、同年末の京都新聞の報道などによって明らかになった。しかし8月に入ったばかりのこの時点では、そうした混乱が詳しく表に出ることはなかった。

その一方で、ネット上での不確実な「犠牲者情報」の拡散は続いており、これは犠牲者だけではなく、重い火傷で入院治療を続けている負傷者らの人権にも関わる。私は、この状況を止めるためには、何らかの形で実名報道がなされるしかないと考え始めていた。

8月1日、ある全国紙から取材依頼があった。電子メールには、京アニの成立から発展、国内外での人気獲得の理由、作風、スタッフの特性、そして事件による影響からアーカイブの問題まで、8項目もの質問が列記されていた。まるで、事件発生からこれまでのすべてをダイジェストせよと言われたようなものである。

事件からほぼ2週間が経ち、もう総括の時期なのかと思ったその翌日の8月2日、犠牲者のうち10名の実名が公表された。

公表された10名の犠牲者には、これまでネット上でその安否が伝えられていた人物も含まれており、また、京アニの代名詞的な作品にメインスタッフとして関わったベテランの名もあったため、事件がもたらした重い事実が、あらためて実感を伴って伝えられた形になった。

火災現場から収容された犠牲者の身元は、事件から6日目の7月23日までには全員が判明していた。

事件・事故の被害者氏名は、所轄の警察署、さらには上位の都道府県警本部の判断により、原則として公開されることになっている。京アニ事件の場合、京都府警が公開と決めれば、それで公開されるという流れである。ただし、警察発表を受けて、実名で報道するかどうかは、メディア側の判断による。

過去には、非公開となった事件もある。「相模原障害者施設殺傷事件」では、被害者は匿名のまま報道され、公判でも一部を除いて匿名で進められた。また、「歌舞伎町ビル火災」では、警察発表としては被害者氏名が明らかにされたが、報道では実名、匿名がメディアによって分かれた。この火災による被害者は、いわゆる風俗店の店員と客で、それに伴うプライバシーの扱いで判断が分かれたということである。

京アニ事件の場合、こうした一般的な流れに対して、次のような経過をたどったことが報道された。

府警は、精神的ショックの大きい遺族の心情に配慮し、犠牲者の氏名をいつ、どのような形で公表するか検討を重ねてきた。当初は「身元が判明次第、公表する」との方針を示していたが、京アニ側が7月22日に「(犠牲者の)実名が発表、報道された場合、被害者や遺族のプライバシーが侵害される」として匿名での発表を要請してきたこともあり、従来なら速やかに行う氏名公表を例外的に控えてきた。

この間、府警職員が遺族と面会したり、連絡を取り合ったりして、氏名公表に際しての意向を確認。幹部職員を招集して対応を協議するなどし、了承を得られるなどした一部の犠牲者から順次、氏名を公表する方向で話を進めてきた。*[14]

加えて、京アニ事件の場合、特に異例だったのは、実名発表の是非について、警察庁が介入してきたことである。このため、判断の主体だった京都府警は困惑し、その様子を報道は次のように伝えた。

警察庁側との調整は難航し、現在も結論を出せない状態が続く。別の捜査関係者は「府警だけで決められる問題ではないのかもしれないが、方針が二転三転しており、現場は混乱している」と嘆き、「いまだに犠牲者名を公表できない理由が、自分たちには理解できない」と打ち明けた。*[15]

実名報道の必要性とは

私が当時こうした報道を見ていて、注目せざるを得なかったのは、「方針が二転三転しており」という点である。こうした場合、従来とは異なる出どころの意見や力学が作用したと考えざるを得ない。

結果的に8月2日、京都府警は犠牲者35人のうち10名の実名を公表し、報道各社は同日午後から、ほぼいっせいに伝えた。10名に限定した事情について、京都府警の西山亮二捜査一課長は、「遺族に実名発表を了承してもらった」「葬儀を終えているかなどの事情も考慮した」と説明した。*16 逆に言えば、遺族が実名公表に同意しなかった場合は、8月2日の公表は差し控えられたということである。

事件発生から2週間が経っていた当時、アニメ制作、教育、研究などの関係者は、私を含めて、それぞれ独自の手段によって、何人かの犠牲者の氏名は確定情報として承知していた。

それにもかかわらず、なぜ従来どおりのやり方に沿って全員の氏名が公表されないのか。公表されないために、私の周りでも陰謀論めいたことを半ば公然と語る知人も出てきた。

警察が犯罪被害者を実名公表するのには、法的根拠がある。2005年に施行された「犯罪被害者等基本法」第8条に基づいて、「犯罪被害者等基本計画」が策定され、現在は「第3次」基本計画が運用されている。これにより、犯罪被害者の公表について実名か匿名かは警察が判断するが、匿名の場合は性犯罪被害者などに限定される。

一方で、そうした警察の対応を受けて、マスコミが実名公表しなければならない根本的な理由とは、何なのか。

10名公表の段階で、全国紙は「事件の重大性などを考慮し、実名で報じる必要があると判断」（日本経済新聞）、「お一人お一人の尊い命が奪われた重い現実を共有するためには、実名による報道が必要」（朝日新聞）などとしたが、たとえば「事件が重大」ならば、なぜ「実名で報じる」必要があるのか、論理的な理由が途中で欠落していた。京都新聞のように、重大な事件を「正確に伝える」という表現を使った新聞社もあったが、これも、遺族の意向に反してまで「正確に伝える」ことが、なぜそれほど必要なのか、という説明が不十分だった。*17 結局、実名報道は「従来から行われてきたから」というおざなりの説明に帰着してしまう。

それでも、これまでに起きた事件とは著しく異なることとして、ネット上で不確実な「犠牲者リスト」の更新・拡散が止まないという、京アニ事件特有の現象が続く限り、やはり実名公表は必要だと、私は考えるに至った。

8月20日、在洛新聞放送編集責任者会議は、京都府警に対して、実名を発表するように文書で申し入れた。この会議は、京都府内で活動する報道機関12社の編集・報道局長や支局長などで組織された団体である。

世論全体として、実名公表をどう捉えていたかは難しい見立てだが、ネット上では実名公表反対の署名活動が行われ、1万2626人の賛同者が集まった。[*18]

鎮魂の上映

8月27日午後、京都府警は対象を記者クラブに限り、犠牲者の残り25名の氏名を公表した。府警は、25名のうち20名は実名公表に同意しておらず、報道にあたっては、遺族の心情に配慮してほしいと要望した。警察はようやく犯罪被害者等基本計画に基づいて犠牲者氏名を公表したが、その内容をどう報道するかは、報道機関側に委ねられた。そのためこから、報道機関によって判断が分かれることになった。

同日15時半頃から、報道各機関は速報したが、京都新聞電子版は、実名公表に同意しなかった20名を除いた5名のみ実名で伝えた。[*19]

一方NHKは、テレビ放送でのニュースと、電子版「NHK NEWS WEB」で、全員の実名を公表した。[*20]

以後、テレビ各局は民放も含め、その日の夜にかけてのニュースで25名全員の実名を伝え、全国紙は、電子版では当日、翌日の朝刊の紙面でも全員の実名を伝えた。

これに対し、京アニ側の代理人弁護士は、ツイッターで次のようにコメントした。

弊社の度重なる要請及び一部ご遺族の意向に関わらず、本日被害者の実名が公表、一部報道されたことは大変遺憾です。弊社は、京都府警及び関連報道機関に対し、改めて故人及びご家族のプライバシーとご意向の尊重につき、お願い申し上げます。[*21]

事件2日後の7月20日から、火災現場となった第1スタジオ前には、京アニと地元葬儀会社が協力して、献花台が設置されてきた。国内はもとより海外からも数多くの弔問者が訪れていたが、実名公表前日の8月26日午前、献花台は撤去された。

27日の実名公表は、前日の献花台の撤去とタイミングが重なり、京アニ事件の一つのけじめになったことは確かだった。

一方、事件前に完成していたという京アニ制作の劇場用長編アニメ『ヴァイオレット・エヴァーガーデン 外伝――永遠と自動手記人形』は、9月6日から公開された。

京アニでは、作品制作に関わっていたとしても、1年以上の経験を経たスタッフでないと、クレジットタイトルやエンドロールで名前を表記しないことにしているというが、本作では、1年未満の者を含め、制作参加者全員のスタッフ名をエンドロールで表記した。この中には事件での犠牲者も含まれており、鎮魂の上映となった。

6、容疑者はどこへ行った——事件発生3か月

京アニ事件の語りにくさ

10月7日午前、私は京都アニメーション第1スタジオの現場を訪問した。事件以後、2度ほど所用で京都に入っていたのだが、現場には、どうしても足が向かなかった。この時、事件からすでに2か月半以上が経っている。

スタジオは、最寄り駅を出てすぐの、ごく普通の住宅地の中にある。自動車1台が通れる程度の狭い道路を進み、突きあたりを左に曲がると、すぐ眼の前に焼け跡が壁面に生々しく残る3階建てのビルが現れた。

平日の午前中で、住民らしい人影はないが、数か所に、報道で知っていた次のような告知の紙が貼ってあった。

弔問等に訪れる方、報道各社のみなさまへ

この度の京都アニメーション放火事件に関しまして、犠牲となられた方々へ哀悼の意を表するとともに、負傷された方々の一日も早い御回復をお祈り申し上げます。

私ども町内会としましても、事件のショックが大きいこと、「京アニさん」たちと挨拶を交わす日常が返ってこないこと、「日本の宝」が奪われたことが残念で言葉にすることができません。

一方、私たちは、ここで生活をしています。その日常や、プライバシーが脅かされることがないよう、お願い致します。

因幡東町内会

現場には私以外に1人、ファンと思われる若い男性が立っていたが、すでに献花台はなく、花束を置いたりメッセージを残したりすることもできない現状で、私は、遅きに失した訪問であることを痛感した。

8月半ばから、私はNHK京都放送局のディレクターと協議を続けてきていた。「アニメ史研究者の視点で、俯瞰的に話を聞きたい」という依頼メールに始まり、9月10日には、ディレクターに東京まで来てもらって、2時間半にわたってインタビューを受けた。事件以来、これだけまとまった時間で話をしたのは、初めてになる。

したがって、京アニ作品に対する私の所感をずいぶん話すことができたし、またこれまでの事件報道に対する私の疑問を、ディレクターに逆に質問する機会にもなった。ディレクター側は、すでに犠牲者らの実名公表後のことで、事件を捉えなおすにはどのようにすればよいのか、それを模索しているようにも感じた。

このインタビューは、今後何らかの番組を企画するための素材という意味もあったようだが、結果的に、NHK大阪放送局制作「かんさい熱視線」の10月18日（金曜、19時30分〜19時57分）放送「〝あなたを忘れない〟——京アニ　クリエーターたちの素顔」につながり、私も出演することになった。

番組は関西地区ローカルだが、事件発生まもない頃から報道取材に応じていた犠牲者2名（色彩設計／石田奈央美、演出／武本康弘）の遺族と、京アニを長く支えてきたベテランアニメーター・木上益治《きがみよしじ》の仕事を知る関係者らに取材し、3人の人物像と仕事ぶりをあらためて振り返る内容になった。スタジオでの出演者は、アニメーターで日本アニメーター・演出協会理事の入江泰浩、そして私である。

10月4日には、火傷で治療中だったスタッフの1人が亡くなり、事件による犠牲者は36人になっていた。また、これは偶然に一致した形になったと思うが、放送日の午後2時から、京アニ社長の八田英明の記者会見が、事件直後を除いて初めて行われた。

番組の制作プロセスは、私は横から見ていたに過ぎないが、関係者への取材は難航したようだ。特に、京アニに近づけば近づくほど、話は聞けなくなり、事件の「捉えなおし」の難しさの一端を、私も感じるところとなった。

後章でも述べるが、京アニは事件以前から、所属スタッフらには厳しい緘口令《かんこうれい》を徹底しており、それは、いわゆる企業秘密を保持するという範疇を超えているように、私は感じていた。それを可能にしているところが京アニの強みであり、「制作する作品がすべて」という理念にも通ずるものはあるのだが、今回の事件以後、所属スタッフはもとより、外部から京アニにつながっている関係者らにも、報道取材への関わりからSNSでの発言に至るまで、緘口令は徹底されていた。

報道取材に関していうと、遺族らの心情を斟酌《しんしゃく》しない乱暴な取材が実際にあったようである。だとすれば、現役のスタッフを含め、「京アニ・ファミリー」を守り抜かなければならないという信念が、京アニ側にあるのは当然のことである。

ただ、そのことによって、私のような研究者を含めて、外部の第三者が京アニ、そして京アニ事件について「語りにくさ」が生じているとすれば、それはやはり健全ではないと思わざるを得ない。

スタジオの取り壊し工事

そして、事件を検証し、真相を究明するにあたって、容疑者を取り調べ、動機を解明することは不可欠である。

現場で確保された容疑者は、重度の火傷で、意識がない状態で治療が続き、逮捕状の執行はおろか、事情聴取もできないと報じられていた。10月のこの段階でも、その状況に変化はなかったが、11月に入って、容疑者は意識を回復し、警察からの任意聴取を受けたと伝えられた。

産経新聞電子版によれば、「8月上旬にはほぼ命に別条がない状態になった。10月上旬までには座った状態でのリハビリを開始。会話も可能で、現在は車いすに座れる程度まで回復している」という経過をたどった。そして、11月8日の初めての任意聴取では、「『一番多くの人が働いている第1スタジオを狙った』と供述。動機については『京アニに小説を盗まれた』と説明」したという。[*22]

京アニは、以前からアニメの原作となる小説などを公募しており、容疑者はそれに応募し、「盗まれた」と認識したことになる。

京アニ側は、小説などの公募には容疑者と「同姓同名の人物から応募があったことは認めているものの、『同一、類似の点はないと確信している』としている」という。[*23]

発生した犯罪の動機は解明され、罪を犯した者は、法によって裁かれなければならない。史上最悪と思われる放火殺人となったこの事件の容疑者も、必ず法廷に立たなければならない。したがって、瀕死の火傷を負いながらも一命を取りとめた容疑者には、法による裁きが待ち構えている。

しかし、火災現場で逃げる時間もなく多くの者が命を落とし、かろうじて現場から医療施設に搬送されながらも救命できなかった者もいる一方で、おそらくは最高度の医療を受けつつ生きながらえた容疑者がいる。事件の真相究明と、法の裁きを受ける必然とを考えながらも、不条理を感じずにはいられない。
事件から10か月以上を経た2020年5月27日、医師によって勾留に耐えられると判断された容疑者に対して、ようやく逮捕状が執行された。

2019年11月19日、私は、アメリカ・ハリウッドの有力誌 *The Hollywood Reporter* の取材を受けた。来日した記者2名は、この段階ですでに京アニや、容疑者が居住していた地域などの取材を終えており、私は「総まとめ」のような位置づけで取材された形になった。

したがって、容疑者像や、日本の「おたく」と呼ばれるファンらの動態にも質問が及んだが、特に容疑者についての質問への返答は、多くを留保した。実際私は、報道以上のことを何も知らないし、また、容疑者像について想像力を働かせて、それをあたかも「事実」のように話すことは自制した。

記事は年末に同誌の電子版で公開されたが、これまで他の記事ではあまり接したことのない京アニ成立前後のエピソードも伝えられており、参考になるものだった。[*24]

現在のところ、京アニ事件関連では、これが私の受けた最後の取材になっている。

明けて2020年1月22日、スタジオの建物の取り壊し工事が始まった。跡地は、当初は京アニ側から、事件の犠牲者を追悼する慰霊の場として、公園などに整備するという案が浮上したが、生活の場への影響が大きいとして地元自治会が難色を示し、協議が続いている。

注

*1 「『京アニ』スタジオで爆発＝複数死亡か、負傷30人以上　放火の疑い、男を確保」時事通信電子版、2019年7月18日13時51分。
*2 「京アニ火災　『パクリやがって』『死ね』液体まいた男が叫ぶ　ズボンには火がついたまま…」産経新聞電子版、2019年7月18日14時49分。
*3 「京アニ社長『残念で断腸の思い』＝惨劇に悔しさあらわ」時事通信電子版、2019年7月18日19時49分。
*4 「日本の宝、圧倒的アーティスト集団が　アニメ界に衝撃」朝日新聞電子版、2019年7月18日20時52分。
*5 「アニメ業界『影響甚大』京アニ火災被害、有望人材失われる」京都新聞電子版、2019年

7月18日22時57分。
＊6　「京アニ放火殺傷犯の自宅ハンマー大暴れ事件」『ＦＬＡＳＨ』２０１９年８月６日号：13―15ページ。
＊7　「京アニ放火、犠牲者34人に　新たに男性１人死亡」産経新聞電子版、２０１９年７月19日23時05分。
＊8　「京アニ『防火、防災に熱心な事業所』京都市消防局が表彰も」京都新聞電子版、２０１９年７月22日22時06分。
＊9　「京アニ、スタジオ防火対策は適切」共同通信電子版、２０１９年７月22日17時06分。
＊10　Jacobs, J. Kyoto Studio Devastated by Fire Is Revered by Anime Fans, *The New York Times*, July 18, 2019.
＊11　「京アニ義援金33億４千万円、死傷者ら70人への配分額を決定」京都新聞電子版、２０２０年２月28日13時06分。
＊12　「京アニ焼損免れたサーバー資料復旧急ぐ」産経新聞電子版、２０１９年７月26日21時45分。
＊13　「徳島に京アニの原画70点残る　ファンら続々」産経新聞電子版、２０１９年７月26日21時39分。
＊14　「京アニ事件の犠牲者名いまだ公表されず　『安否知りたい』の声も」京都新聞電子版、２０１９年８月１日９時33分。
＊15　前掲＊14、京都新聞電子版。

*16 「京都アニメ放火　武本監督ら犠牲者10人の氏名公表」日本経済新聞電子版、２０１９年8月2日14時07分。

*17 「京アニ事件、届かなかった実名報道する『おことわり』　新聞社内でどんな議論があったのか」京都新聞電子版、２０１９年12月23日10時00分。

*18 「Change.org」による電子署名「京都アニメーション犠牲者の身元公表を求めません。」２０２０年3月26日現在。

*19 「京アニ放火事件で残る25人の犠牲者氏名、京都府警が明らかに『涼宮ハルヒ』キャラデザイン池田晶子さんも」京都新聞電子版、２０１９年8月27日15時30分。ただし京都新聞も、後に25名全員の実名報道に切り替えている。

*20 「『京アニ』死亡した25人の名前公表 京都府警」ＮＨＫ ＮＥＷＳ ＷＥＢ、２０１９年8月27日15時39分。

*21 稲田大介@DaisukeP　２０１９年8月27日16時13分。

*22 「捜査のポイントは『動機』　逮捕に向け転院の京アニ・青葉容疑者」産経新聞電子版、２０１９年11月14日18時10分。

*23 前掲*22、産経新聞電子版。

*24 Johnson, S. & Brzeski, P. Tragedy in an Animation Utopia: Horror, Heartbreak and Mystery After an Arson Massacre, *The Hollywood Reporter*, Web, December 20, 2019, 4:00am.

第2章　事件による被害状況

1、事件発生まで

京アニと容疑者の接点

第1章では事件発生から書いてきたため、その後の捜査や報道で伝えられた、事件発生前に起きていたことについては、ほとんど触れなかった。また、事件発生後のことも、明らかになった順に時系列で書いてきたため、事件による被害状況を総括していない。このため本章で、事件の全貌について、事件から10か月が経った現在までに明らかになったことを含めて、まとめておきたい。

まず、事件発生までの状況として、以前から京都アニメーションは、脅迫する内容のメッセージを受けていたことがある。事件当日の報道取材で、「数年前から作品への批判や、スタッフの殺害予告が相次いでいた」と京アニ社長の八田英明が明らかにした。[*1]

いち早くこうした情報が出たのは、放火した容疑者の「パクリやがって」という発言とともに、容疑者と京アニとの関係が注目されたためである。京都府警も、「京都アニメーションへの脅迫事案は承知している。昨年10月、京都アニメーションのホームページに対し、殺害予告の書き込みがあった。そのほかにもあり、被害届が出ていることは承知しているが、本件との関係性は判然としない」[*2]としているが、これ以上の具体的な内容は明らかになっていない。

アニメ制作会社や制作者個人などに対する脅迫行為は、以前から問題になることがあり、京アニ特有の事象ではない。もちろん、こうした事案の標的となるのはアニメに限らず、アイドルやタレントたちが脅迫行為を受け、事件化することもある。

京アニ事件以後、同年末までに少なくとも10件、京アニ事件に便乗した脅迫事件が発生し、行政機関からメーカー、エンタテインメント関連企業までが標的になった。その中には、愛知県で開催中の「あいちトリエンナーレ」での展示物に「抗議」の意を示し、「撤去しなければガソリン携行缶を持ってお邪魔する」というファックスが送付された件、テレビアニメ『新世紀エヴァンゲリオン』の監督・庵《あん》野《の》秀明《ひであき》が設立したスタジオ「カラー」に対して、京アニ事件を挙げながら脅迫した件もある。

ただ、「脅迫」という行為そのものの扱いの難しさ、つまりその行為によって具体的にどのような、またどの程度の被害が生じたかを客観的に証明しづらい側面や、企業イメージの保全の問題などから、表沙汰にならない件もあると考えられる。京アニの件で報道されたように、脅迫された内容に応じて警察に相談、被害届の提出などに至る場合はありつつも、それが事件として、その段階で公表されるかどうかは、また別である。それに、脅迫行為を行っている側も、その先の犯行には及ばず、関係者や社会が混乱している様子を観察して喜ぶ、いわゆる愉快犯の域を出ない事案も少なくないと考えられる。カラーを標的にした件でも、ツイッターへの書き込みによる誹謗中傷は3年前から起きていた。それが、京アニ事件後に「京アニみたいにならないと良いな」と書き込まれたことで、カラー側が7月下旬になって警視庁に相談、事件化し、容疑者は威力業務妨害で逮捕された。

京アニ事件の場合は、容疑者が放火に及ぶまでに、どのように行動していたのかは、事件後の報道や、出版されたルポ[*3]などによって、断片的ではあるが、明らかにされている。これは、滞在先のホテル等への聞き取りのほか、各所に設置された防犯カメラから得られた情報にもとづいている。

ただし、容疑者に対する本格的な事情聴取が進められている途上で、容疑者側の供述との整合性が取れていない点には注意する必要がある。

容疑者の足取り

容疑者は、事件3日前の7月15日に新幹線で京都入りして、当日と翌16日に、京都市内のホテルに本名で宿泊した。16日、17日は、京アニ制作のテレビアニメシリーズ『響け！ユーフォニアム』の舞台となった商店街や最寄りの駅周辺を歩いており、また事件後の自宅の家宅捜索によって同作のサイン色紙が押収された。これにより、容疑者と京アニとの接点が鮮明になり、アニメファン、京アニファンが事件を起こしたという構図で捉えることも可能になった。

ただ、報道の中には、容疑者が事件前に京アニ作品の「聖地」をめぐっていたところから、近年盛んになった、ファンがアニメの舞台をめぐる「アニメ聖地巡礼」という視点で取り上げる例もあった。アニメ聖地巡礼も京アニを理解する重要なキーワードだが、大量殺人の容疑者と聖地巡礼とを結び付けられたことに戸惑いを覚えたファンも相当に多かったと推察される。

事件前日の17日、容疑者はJR宇治駅近くのホームセンターで、犯行に使用されるガソリン携行缶2つ、バケツ2つ、そして台車を購入し、その日の夜は第1スタジオ近くの公園で野宿したという。

ここまでの3日間にわたって、容疑者は鉄道と徒歩で移動し、作品の舞台を歩いていたほか、事件現場となる京アニの第1スタジオ、第2スタジオ、そして本社も下見していたと見られている。これが「入念な下見」か、場当たり的な3日間だったかは、容疑者の事情聴取を待たなければならない。

そして事件当日、放火の約30分前の午前10時頃、現場から西へ500メートルほど離れたガソリンスタンドでガソリンを購入、店員には「発電機に使う」と告げていたという。そのガソリンが入った携行缶を載せた台車を押して歩き、容疑者は現場に向かった。

2、火災発生

生死を分けた咄嗟の判断

放火による火災発生から鎮火に至るまでの様相は、消防庁災害対策室による報告や、さまざまな取材を経て年末になって報道されたことなどによって、明らかになっている。*4

火災発生は、7月18日10時31分頃、容疑者が第1スタジオの1階正面玄関から侵入、3階へつながる螺旋階段付近にガソリンを10～15リットルまき、「死ね」と叫びながらライターで着火、瞬間的に爆燃現象が起きた。

容疑者が侵入した正面玄関の入口の鍵の状態については、火災直後の報道で若干混乱していたが、無施錠だったという。通常は、社員らが持っている専用カードがなければスタジオ内に入れないようになっていたという報道もあった。

しかし事件当日は、NHKの取材が入るため無施錠だったという報道もあり、通常施錠されているなら、NHKのクルーがスタジオに到着した際に適宜開錠すればよいように思われたが、結局、入口は常に無施錠だったと京アニ側から発表があった。

詳細は不明ながら、容疑者がスタジオにやってきた10時30分頃に、外から自由に出入りできる状態になっていたことが、命運を分ける形になった。

ただし、容疑者がこうしたスタジオ入口の鍵の状態を知った上で現場にやってきたかどうかは、わからない。仮に施錠されていたとしたら、という想像にも及ぶが、施錠状態だったとしても、入口の外から液体（ガソリン）を床にまけば、類似の結果を招いた可能性はある。いずれにせよ、これらは容疑者の事情聴取を待たねばならない。

放火直後、火災に気がついたスタジオ2階のスタッフが非常ベルを押し、爆燃現象によって瞬間的に黒煙が1階から2階へと押し寄せて、炎の中の1階正面玄関から逃げる者、2階のベランダから飛び降りる者などが相次いだ。非常ベルの音や、脱出したスタッフらの叫び声で、近隣住民らは火災発生を知った。

1階にいた11人のうち助かったのは6人で、大半は正面玄関から脱出した。2階にいた32人のうち助かったのは21人で、この大半は2階ベランダから飛び降りることで脱出、その際に骨折などを負う者も多かった。20人という最も多くの犠牲者を出した3階から助かった7名の多くは、建物の内階段でいったん2階に降り、2階ベランダから飛び降りて脱出した。

建物内には、1階から3階までつながる螺旋階段のほか、普通のビル内によくある内階段があった。螺旋階段は放火後すぐに黒煙と炎に覆われ、避難路としては使えなかったと考えられる。したがって、内階段を使った者が脱出の可能性を得たということだが、3階にいた人のうち、上方の屋上へ向かう階段を使った者と、下方の2階へ向かった者と、二手に分かれた。

しかし、上方へ向かった人たちは、屋上へ出る扉（無施錠だったという）の手前で折り重なって死亡していたというから、咄嗟の判断で下方の2階へ向かった人たちとの間で生死を分ける形になってしまった。

火災発生の約2分後から、消防には119番通報が寄せられ、計22件に及んだ。消防庁の資料による火災の覚知時刻は、10時35分となっている。

火災現場の経過

以後、現場は次のような経過をたどった。

10時40分、最初の隊が現場に着き、同43分には別部隊も到着して放水を始めた。出動指令は翌朝の鎮火まで第27次に及び、市内全域から消防隊や救急隊などのべ111隊が出動。約400人の隊員が消火・救急活動にあたった。

建物内には、京アニの役員・社員が計70人いた。放火から7分間に、37人は建物の外へ脱出した。[*5]

火災発生時に建物内に何人いたのかについて、また京アニ社員以外の人がいたのかについても、事件後の報道で二転三転したが、結果的に外部の者はおらず、建物内にいた総人数は70人となった。放火後に建物外へ自力で脱出した人数も、先に引用した事件2か月後の報道内容とは若干異なるが、事件半年後の報道では37人、このうち3人は救急搬送後に死亡した。

救急隊の到着時、負傷者は建物周辺の公園や駐車場、路上など4ヵ所に分散していた。手当ての優先順位を決めるトリアージは10時44分から4ヵ所で始まった。後から体調不良を訴えた1人を除く35人は11時30分までに重症の赤が10人、中等症の黄が6人、軽症の緑が19人と判定し、8病院に搬送した。

建物内に取り残された人の救助活動は難航した。1階に入れたのが10時55分。猛烈な熱さで屋内での捜索は約10分間が限度で、各隊は交代しながら、1階から2階、3

階の順で捜索の範囲を広げた。屋上に上った救助隊が塔屋の扉を外側から開けたのは午後1時45分。扉の向こうの３階と屋上を結ぶ階段には、20人が折り重なるように倒れ、すでに息はなかった。遺体はいずれも損傷が激しく、現場で死亡した33人すべての遺体を運び出し終えたのは午後９時12分だった。[*6]

火災は、同日11時半頃からテレビ、インターネット等で速報され、延焼中のスタジオの空撮の映像も放送・ネット配信された。

火災から逃れて建物から脱出した京アニ社員らの救助には、たまたま現場近くにいた人たちが、相当の役割を果たしていたことも明らかになっている。[*7]

火災発生時、スタジオ近くで工事作業に従事していた作業員らが火災に気づき、同時にスタジオ３階の窓から外の壁を伝って逃げようとしていた男性社員１名を、梯子《はしご》を使って下ろし、スタジオ１階のトイレ内に逃げ込んでいた女性社員３名を、バールでトイレの窓の格子を外すなどして救助した。また、火傷や骨折などを負い、建物近くでうずくまっていた社員らを介抱した住民もいたようだ。

こうした近隣の一般人らの活動は、たとえば２００５（平成17）年４月25日に起きたＪ

R福知山線脱線事故での多数の負傷者を、事故現場の近隣住民や工場の従業員らが救助を補助し、応急手当てをした事例と類似している。京アニ事件でも、消防や救急隊が現場に到着するまでの一刻を争う状況下で、現場近くにいた人たちの判断と行動が、何人かの社員の命を救う結果につながった。

なお、消防庁資料による火災の鎮圧は18日15時19分、鎮火は翌19日6時20分となっている。

その他、火災原因調査の技術的支援を実施するため、18日17時15分、消防庁職員3名、消防研究センター職員2名が現地に派遣されている。

「殺すぞ。自分には失う物はない」

容疑者は放火後逃走するが、全身に火傷を負い、数分後に現場近くで警察により確保された。その前に、スタジオから脱出した京アニのスタッフが、衣類に火がついたまま逃走する容疑者を追いかけ、路上に倒れこんだ容疑者に近隣住民が水をかけて衣類の火を消したという報道もある。

警察に確保された容疑者は、火傷の治療を優先して医療機関に搬送された。この際捜査本部は、「身柄を確保したが、治療を優先した。事案の重大性に鑑み、氏名の公表に踏み切った」[*8]と説明し、青葉真司容疑者（事件当時41歳）であることが明らかとなった。

容疑者の素性は、事件発生直後からの報道機関による取材で、その生い立ちや事件前までの生活状況について報道されている。[*9]

それらによると、容疑者は1978年、埼玉県浦和市（現・さいたま市）で生まれた。両親のほか、兄、妹との5人家族だが、容疑者が小学校低学年の頃に両親は離婚し、父と兄妹との4人家族となった。一家の生活は裕福ではなく、むしろ苦しかったようだが、小学生時代は周囲に特に印象を残すような少年ではなく、定時制高校に進学、そして在学中に埼玉県庁文書課で非常勤職員として勤め始めた。

しかし、容疑者が21歳の頃、父親が自殺し、一家は離散する。容疑者はその後、コンビニのアルバイトなど職を転々とし、2008年12月、茨城県常総市の雇用促進住宅に入る。

2012年6月、容疑者はコンビニで強盗事件を起こし、逮捕される。同年9月に懲役3年6か月の実刑判決を受けた。

2016年初めに刑務所を出所し、さいたま市浦和区の更生保護施設に一時居住した後、同年7月には、京アニ事件を起こすまで住んでいた同市見沼区のアパートに移った。

そして、事件4日前の7月14日、アパートの隣室の住人とトラブルを起こしている。容疑者が突然、自室で大きな叫び声を出し、隣人の玄関ドアをたたいてきた。隣人が容疑者の部屋を訪ねると、容疑者から胸ぐらをつかまれた上に髪を引っ張られ、「殺すぞ。自分には失う物はない」と迫ってきたという。

翌日、容疑者は新幹線で京都入りし、その3日後に事件は起きた。

こうして書き起こすと、少年時代の不遇な家庭環境と、いわゆる就職氷河期やリーマンショックに伴う不況のあおりを受けた不安定な雇用の連続という歩みが見えてくるが、それはきわめて特異な人生とまでは言えない。あの凶悪で凄惨な放火殺人を犯したという結果には、にわかには結びつかない。

もう一つ、容疑者の生い立ちから事件を起こすまでを報じた記事の中には、容疑者が住んでいたアパートの部屋から押収された京アニ関連のグッズの存在、さらには京アニの小説の公募に応じていたことなどから、容疑者と京アニとの接点についての報道が多くあった。しかしそこから、容疑者、アニメおたく、京アニ、そして事件という直列的な構図で解説された報道には、私は行き当たらなかった。ネット上の匿名の書き込みや個人のブログを含めれば、そうした記事が少なからずあったとしても、それが容疑者像として形成・

固定され、広く共有されるには至らなかったということである。

3、人的・物的被害

被害状況の概要

消防庁災害対策室による「京都府京都市伏見区で発生した爆発火災（第13報）」（令和元年12月23日）では、タイトルにあるとおり、事件発生から約5か月にわたって、第13報まで報告内容が更新されている。

それによれば、京都アニメーション第1スタジオは、地上3階建て、延べ面積は691・02平方メートル、出火原因は放火、被害状況は次の通りである。

（1）人的被害　71名（死者36名、重症8名、中等症7名、軽症20名）

＊7月27日に死亡が確認された1名及び10月4日に死亡が確認された1名は死者として計上

（2）物的被害　建物全焼

そのほか、「消防用設備等の設置状況」として、消火器、非常警報設備が設置され、「防火管理等の状況」として、「防火管理者選任有、消防計画届出有、平成30年11月14日に消火、通報及び避難の訓練を実施」と報告されている。

そして、「最新の立入検査」は、事件9か月前の平成30年10月17日に実施され、「消防法令上の不備事項はなし」だった。

なお、人的被害については、２０２０年2月末、京アニに寄せられた義援金の配分が決定したことを報じる記事で、「事件の死傷者69人と現場の第1スタジオから逃げて無事だった1人の計70人[*10]」となっており、現在、京アニ事件の人的被害者数は、この「70人」とされることが多い。

36人にも及んだ犠牲者の中には、京アニを長く支えてきたベテランスタッフや、テレビアニメシリーズ『涼宮ハルヒの憂鬱』（２００６年）、『らき☆すた』（２００７年）、『氷菓』（２０１２年）、『Free!』（２０１３年）などに中核的メンバー（キャラクターデザイン、作画監督、演出）として関わり、ファンにもよく知られるスタッフも数多くいた。そればかりではなく、この春の新入社員を含む若いスタッフも多かった。

アニメーションは、高度に集約的な体制、つまり多くの職分のスタッフが1か所に集まり、個々の技術や知見が集約されて、初めて一つの作品が生み出されるものである。そこでは、ベテランから若手に技術や経験、そして京アニが長らく蓄積してきたスピリットが継承されていくが、それのみならず、時には若手がもつ新しい視点や感性にベテランが刺激され得る。だからこそ、京アニでは常に新たな作品が生み出され、新たな世界が切り開かれていく。

そうしたスタッフが一堂に会する第1スタジオが全焼したというのは、その被害の大きさと、それ以上に、京都アニメーション全体の今後にも大きな影響を残す可能性を排除できないものだった。

データは無事に回収

次に、物的被害であるが、まず建物は消防庁資料で「全焼」となっている。鎮火後のスタジオ概観から十分理解できるように、もはや使用に堪えられる状態ではなく、2020年1月22日から取り壊しが始まった。

建物内部にあった物品については、スタッフらによって描かれた紙資料（絵コンテ、レイアウト、原画、背景画などに加え、作品制作に関わるメモや取材による収集資料など）、着彩や撮影などに使用するコンピュータを含む機器類などは、すべて焼失したものと考えられる。

火災直後から、特に心配されたのが、スタッフらが1枚1枚描いた紙資料である。第1章でも述べたように、これらの紙資料には、現に制作中の作品に関するものに加え、過去に制作された資料も含まれていたと考えられる。制作中の作品資料の焼失は、その作品の制作継続の可能性やスケジュールに深く関係し、過去作品の資料の焼失は、京アニの歴史的価値、また若いスタッフらの教育的価値の損失にもつながる。

しかし、それら紙資料をデジタル化して保存していたサーバーは、スタジオ1階の四方をコンクリートに覆われた部屋内にあったことで、火災による熱や消火の放水の影響も受けず、保存データは、すべて回収された。回収データが、焼失した紙資料のすべてであったかどうかは伝えられていないが、現在のデジタル化されたアニメーション制作工程を考えると、おそらく大半の焼失資料をカバーできるデータが回収されたものと考えられる。

手描きによるオリジナルの紙資料と、それらをデジタル化したデータ、これらをそれぞれどう評価するかは意見の分かれるところだが、少なくともデータがすべて無事に回収されたことは、京アニの今後を考えると、朗報だったといえる。

注

＊1　「京アニ社長『残念で断腸の思い』＝惨劇に悔しさあらわ」時事通信電子版、2019年7月18日19時49分。
＊2　「京アニ放火、容疑者の氏名公表　全身熱傷で重篤、回復待ち逮捕へ」京都新聞電子版、2019年7月19日17時18分。
＊3　日野百草『ルポ 京アニを燃やした男』第三書館、2019年。
＊4　「京都府京都市伏見区で発生した爆発火災（第13報）」総務省消防庁災害対策室、2019年12月23日。「京アニ放火、負傷者どう避難？　府警、模型見せて聞き取り」朝日新聞電子版、2019年9月19日9時30分。
＊5　「京アニ放火から半年　過酷な現場にいた市民や医師の証言」朝日新聞電子版、2020年1月19日7時00分。
＊6　前掲＊5、朝日新聞電子版。
＊7　「京アニ放火事件『信じて下りてこい』社員の命救ったはしご　近隣住民ら、瞬時の判断で窓格子も外す」京都新聞電子版、2020年1月17日18時00分。

＊8　前掲＊2、京都新聞電子版。

＊9　「京アニ放火の容疑者　騒音巡り、近隣トラブルも」東京新聞電子版、2019年7月20日2時00分。関西テレビ『報道ランナー』2019年8月16日放送。「容疑者、社会から孤立か　京アニ放火殺人、依然重篤で聴取できず」京都新聞電子版、2019年8月18日17時50分。

＊10　「京アニ義援金33億4千万円、死傷者ら70人への配分額を決定」京都新聞電子版、2020年2月28日13時06分。

第3章
「独立国」としての京都アニメーション

1、アニメ史の中の京アニ

創業のきっかけ

京都アニメーションの創業時の事情は、これまで詳しく伝えられていなかったが、事件をきっかけに取材はこの点にも及び、いくつか記事として紹介された。[*1]

京都アニメーションは、1981年6月頃、社長の八田英明の妻で、現在は同社専務の八田陽子が、セルに着彩を行う「仕上《しあげ》」という工程を担う場として、京都府宇治市で創業した。その半年後の12月、近在の人たち（主に主婦）に声をかけ、着彩を教えながら作業量を増やしていった。1985年7月には法人化して、有限会社京都アニメーションが発足、99年12月には株式会社となり、現在に至っている。

アニメは多くの工程に分かれ、それらを集約しつつ一つの作品として完成するが、仕上は、アニメーターが紙に鉛筆で描いた動画の描線を、セルと呼ばれる薄くて透明な合成樹脂製のシートに写し取り（トレス）、それに色を塗る（着彩）工程である。

八田陽子は、東京の虫プロダクションでこの仕上スタッフとして仕事をしていた経験があり、それを活かして「内職」のような形で始めたわけだが、もともと鉄道マンだった夫の八田英明も、経営者としてこの集団に加わることになった。

多くの工程に分かれるアニメ制作は、一つのスタジオですべての作業がまかなわれることは稀で、通常、メインのスタジオから多くの中小スタジオに分業し、外注される。1980年代、比較的短期間で技術がマスターできる仕上は特に外注される度合いが高く、主婦が内職で行う場合も珍しくなかった。八田陽子の創業のきっかけにも、そうした背景があった。

しかし京アニのように、それから20年以上をかけて、仕上以外の作画などの工程やスタッフを充実させ、下請《したうけ》ではない元請《もとうけ》スタジオとして発展し、さらには今日のようにブランド化するところまで上りつめたスタジオは、他に例がない。

そうした京アニが誕生するまでと、京アニが誕生してから発展していく道筋とを追いかけると、そこから日本のアニメ史が垣間見え、京アニの位置づけも理解できる。

日本アニメの源流

日本の国産初のアニメーションは、1917（大正6）年に制作されたというのが定説であるが、今日の日本のアニメにつながる直接の源流は、1956（昭和31）年設立の東映動画（現・東映アニメーション）と、1962（昭和37）年設立の虫プロダクションである。東映動画は劇場用の長編アニメの分野で、虫プロはテレビアニメの分野で、それぞれ日本のアニメを発展させるきっかけをつくった。

なかでも東映動画は、戦前から国産アニメ制作を主導してきた一派を母体とする形で設立され、戦後にかけて世界中のアニメーションの模範であり目標だったディズニーの日本版を意図しつつ設立されたので、日本のアニメの総本山ともいえる。2019年に放送されたNHK連続テレビ小説『なつぞら』は、この東映動画の勃興期をモデルにしたことでも話題になった。

しかし、虫プロが制作し、1963年1月に放送開始した『鉄腕アトム』は、時間をかけて1本の長編アニメをつくるというそれまでの常識からかけ離れた、大量生産型のテレビアニメで、その大ヒットの影響は計り知れなく大きかった。これにより、テレビアニメの制作数が増え、それに呼応するかのように次々とアニメスタジオが新設されたのが、1960年代である。現在も、日本のテレビアニメ制作量が世界でもトップクラスであることを考えると、虫プロにも日本のアニメの総本山を名乗る資格がある。

テレビアニメの急拡大を受けて、虫プロと同時期にアニメスタジオとして創業したのが、もともとCM映像を制作していたTCJ（後にテレビアニメ『サザエさん』を手がけるエイケンの母体）、漫画の制作工房だったタツノコプロ（後にテレビアニメ『科学忍者隊ガッチャマン』『タイムボカン』等を制作）、人形劇を手がけていた藤岡豊が創業した東京ムービー（後にテレビアニメ『ルパン三世』を制作）などである。

それに加えて、大手スタジオで研鑽をつんだスタッフらが独立して新しいスタジオを設立する動きも大きくなった。アニメ制作者もクリエイターであり、自身の理想形を目指す志向が新たなスタジオを生んでいったともいえる。東映動画と虫プロは、いずれもそうしたスタジオのスタッフの送り手となった。

たとえばスタジオジブリは、東映動画とは直接のつながりはないが、宮崎駿と高畑勲はいずれも東映動画出身である。

また、『機動戦士ガンダム』を制作したサンライズ、『まんが日本昔ばなし』を制作したグループ・タック、２０００年代に入って今敏《こんさとし》監督の長編『千年女優』や細田守監督の長編『時をかける少女』を制作したマッドハウスは、いずれも虫プロから分離独立したスタジオだった。

女性たちの「内職部隊」

創業時の京アニは、テレビアニメのセルの着彩を手がけており、しかも創業者の八田陽子が虫プロダクション出身だというところからして、京アニは虫プロから分離独立したのかというと、そうとは言えない。

というのも、大手スタジオから分離独立してスタジオを作る場合、独立後すぐに制作拠点として動き出したいため、少なくとも数人の経験者が集まり、スタジオの体を成すようにした上で創業するものである。

八田陽子は虫プロでのアニメ制作経験がありつつも、いったんはスタジオの集約的な体制から離れて、まったく新規に単独で、自身の内職として第一歩をするし、そこから他の女性たちの「内職部隊」として動き出した。しかも、創業初期に請け負っていたのは虫プロの仕事ではなく、当時テレビアニメ『ドラえもん』などを制作していたシンエイ動画やタツノコプロの仕事で、シンエイ動画は先ほどの系列でいうと東映動画系である。

つまり京アニは、どの系列にも属さない、いわば「独立系」のアニメスタジオだった。たまたま八田陽子が転職して京都へ移り、内職として創業したという流れであって、後に言われる「地方発のアニメスタジオの先駆け」という特性からも程遠いものだった。

それでも京アニは、創業４年後に法人化し、発展を続けていく。それが可能だったのは、創業の１９８１年という時代が、影響している。

１９７０年代半ばから80年代にかけて、日本のアニメ界は空前のアニメブームに沸いていた。『宇宙戦艦ヤマト』『機動戦士ガンダム』という２つの大ヒット作がきっかけとなって、それまで年少の子どもが主な観客だったところに、中高生以上のヤングアダルト世代がアニメの観客として加わった。制作作品数も大きく増え、「仕事はいくらでもある」中で、東京から遠く離れた京都の小さな工房であっても、貴重な外注先になった。しかも京アニは、当時から仕事が丁寧で、締め切りを守ることから、信頼を得ていた。

私の記憶をたどると、作品名は思い出せないが、80年代の半ば頃から、テレビアニメのエンディングのクレジットタイトルの中に、「仕上　京都アニメーション」という文字が入ることに気がついていた。それも、たまに見かけるというのではなく、いくつもの作品に出てくるので、「京都にアニメスタジオがあるのか、珍しいなあ」という感じだったのを覚えている。

いまなら、東京から離れた地方都市にスタジオを構えていたとしても、仕上がった作品素材はインターネットを介してデータとして送信できる。しかし当時は、実物を手作業で郵送するしかなかった。京アニではなかったと思うが、郵送すれば発送から到着まで少なくとも2日はかかるため、時間節約のためスタッフが新幹線に乗って素材を運んだ、などという例も聞いたことがある。

そうした中で、京アニが信頼を得ていたということは、それだけ堅実な仕事ぶりだったということである。これがいわば京アニの創業時からのスピリットとして、今日まで継承されていくことになった。

しかし時代は、アニメブームの終焉を告げる。

95年という転換点

1980年代の半ば頃から、アニメの人気は曲がり角に差しかかっていた。この原因は十分に検証されていないが、アニメブーム期に制作された同傾向の作品群に対する飽き、企画力の低下、そして「スーパーマリオ」「ファイナルファンタジー」「ドラゴンクエスト」の3本のゲームソフトの発表が重なって、相対的にアニメ人気が低調に見えたことなどが考えられる。

逆にこの時期に設立され、以後のアニメ界で存在感を発揮する2つのスタジオがあった。

一つが、スタジオジブリである。宮崎駿監督の『風の谷のナウシカ』(1984年)が注目されたことで翌85年にスタジオジブリは設立され、以後、宮崎と高畑勲との作品を専門的に送り出すスタジオとして君臨していった。

もう一つが、ガイナックスである。メカ、SF、そして美少女といった伝統的なアニメファンが嗜好する素材を、強固なこだわりをもって作品化していった。ガイナックスが広く知られるのは、設立から10年以上経った1995年10月放送開始の『新世紀エヴァンゲリオン』以後である。

そして同時期の京アニは、引き続き、他社の仕事の下請スタジオとして事業を継続していた。その中で、仕上にとどまらず、作画や演出などアニメ制作全般に業容を拡大しようと、1991年頃、中心メンバーとして京アニに入社したのが、当時30代半ばだったアニメーターの木上益治(事件により他界)だった。

この頃、1992年8月の京アニの様子を伝える記事[*2]によると、京都や大阪など4か所にスタジオをもち、創立当時に着手した仕上のほか、演出、作画、背景のスタッフを抱えるまでになっていた。内訳は、仕上約70名、作画約40名、背景2名、制作2名で、これに八田夫妻なども加えると110〜120名ということになる。これはもう「下請」などではなく、ほぼ元請スタジオに匹敵する規模を有していたといえる。

同じ記事で、八田英明は「スタッフとのコミュニケーションは、常に大切にしています」と答え、月1回の社内報の発行、昼食会やビデオ上映会の開催、社会保険や社宅なども充実、と紹介されている。

実際、当時の京アニは、『魔女の宅急便』や『紅の豚』などスタジオジブリ作品の下請も担当し、また、テレビアニメ『内田春菊の呪いのワンピース』（テレビスペシャル、全3話、1992年）は、制作はシンエイ動画だが、実質的には京アニが全般を担当（監督・作画監督は木上益治）するなど、仕事量や中身を充実させていっていた。

それでも京アニは、一気に業容を拡大することはなかった。当時はまだアナログ制作であり、アニメ制作の中心地だった東京から遠く離れた京都でテレビシリーズ1本を元請として担当する体力面の課題を吟味していた、というところだろうか。加えて、90年代前半は、アニメ界は全般的に不況期で、特段の「冒険」をする必要もなかった。
そうした空気が変わっていくのが、1995年頃からである。

1995年10月から放送された『新世紀エヴァンゲリオン』は、「エヴァ現象」とも称された社会現象を巻き起こした。しかし、『宇宙戦艦ヤマト』『機動戦士ガンダム』の頃とは違って、同傾向の作品が量産されるといったブームは形成されなかった。『エヴァ』がもたらしたのは、アニメ制作のビジネス環境へのインパクトが、むしろ大きい。まず、パッケージ（DVD）の販売を見込んだビジネス戦略の定型化、次に、テレビの深夜放送帯の活用、そして、アニメを中心としてゲームや音楽、コミックなど複数のメディアを同時に使う「メディアミックス」展開、この3点である。

いずれも『エヴァ』以前からあったことだが、『エヴァ』はそれらの重要性と可能性を具体的に示した形になり、以後、2000年代半ばにかけて、アニメは再びブームを興し、成長していくことになった。

そしてもう一つ、95年頃を境にして日本のアニメ史の転換を促すインパクトとなったのが、制作のデジタル化である。

95年は、アメリカ・ピクサーの『トイ・ストーリー』が公開された年である。これによって、フル3DCGによるアニメ制作が世界的に広がっていく。しかし日本では、従来からの手描きによる絵柄やタッチを、ファンも制作者も大切に考えたため、手描きの質感や肌合いをコンピュータで再現する技術が、日本独自の技術として極められていくことになった。

そして2000年代に入ると、テレビアニメを含む多くのアニメ制作シーンでデジタル化が進み、この時期に、京都アニメーションは自社制作に進出することになった。

京アニブランドの形成

京アニが元請として、つまり自社の作品として第1作となったのが、2003年8月放送開始のテレビアニメ『フルメタル・パニック? ふもっふ』で、監督を担当したのは、木上益治の移籍直後に新入社員として京アニへ入社した武本康弘（事件により他界）、当時31歳の大抜擢だった。

多くのアニメファンがはっきりと京アニ作品として注目したのが、2005年1月放送開始のテレビアニメ『AIR』で、キャラクターの緻密な演技や映像作りは、後の京アニを明瞭に予感させるものだった。

そして、京アニ最初のヒット作となり、現在まで代表作の一つに数えられているのが、２００６年４月放送開始のテレビアニメ『涼宮ハルヒの憂鬱』である。以後、『らき☆すた』（２００７年）、『けいおん！』（２００９年）、『Free!』（２０１３年）など話題作が続き、今日の京アニブランドが形成され、評価と人気は不動になった。

主人公による「世界を大いに盛り上げるための涼宮ハルヒの団」、通称「ＳＯＳ団」なるサークルの立ち上げ宣言から始まる『ハルヒ』は、伝統的区分に従えば「学園もの」だが、型破りな主人公を配しつつも、従来のアニメファンの好みからかけ離れるような、悪い意味での斬新さはなく、絶妙なバランス感覚で作品世界が作られていた。

たった一人の主人公、あるいはヒーローとヒロインの２人といった小さな関係が、この世界全体の存亡に直結するという、この時期にサブカルチャーの一分野として注目された「セカイ系」の代表作とされ、また作中の文化祭ライブで見せたきわめて高密度の作画、そして主人公らが通う高校の実在モデルの存在など、『ハルヒ』は多くの意味で時代の志向を捉えた作品だった。

作中の建物や街並をファンが探索し訪問する、いわゆる「聖地巡礼」は、『ハルヒ』の後の『らき☆すた』が大きなブームを形成する火付け役となった。主題歌がオリコンチャート第1位を獲得した『けいおん!』は、主人公らの日常を描く「日常系」の代表作であり、女子高校生たちのバンドブームをもたらした。

一転して水泳部の少年たちを描いた『Free!』では、挫折からの復帰という定番の、しかし活き活きとしたキャラクターと、頻出する水の表現に色彩や動きで多くの工夫を凝らした点で、疑いなく京アニらしい仕上がりになった。

ここで挙げたいくつかの作品は、2000年代のわずか数年間に制作されたものである。それにもかかわらず、セカイ系、日常系、聖地巡礼、ガールズバンドなど、いくつものブームの形成のきっかけとなり、それは同時に、アニメの新しい楽しみ方を提供する形になった。

加えて、デジタル技術を駆使した高密度の作画を含めて、元請制作を開始した2000年代以降の京アニは、アニメ史の流れで見ても飛びぬけて大きな存在感を示した。

ただ、95年の『エヴァ』に始まるアニメブームは、アニメ界全体から見れば、2000年代半ばには退潮期に入り、制作作品数は減少していく。その中で、京アニの人気がその退潮期から逆に上昇していった点に注目すべきである。

京アニのテレビアニメ作品は深夜帯に放送され、可愛らしい造形のヒロインが数多く登場するなど、従来のアニメファンの好みを外すことなく、90年代までのブームに背を向けることもなかった。その一方で、時代の少し先を見越して、聖地巡礼やバンドブームなど、決して斬新ではないけれど、その時代の観客たちが「ちょっと自分も手にとって体験したい」という「現実的な新しさ」を提供し、そうした身近さにふさわしいキャラクターが登場する作品を数多く送り出した。これが、アニメブーム退潮期に入っても、逆に京アニは人気を獲得できた大きな要因である。

創業から20年以上の下積み（下請）時代を経て、２０００年代初頭から今日まで20年近くにわたって数々のブームを作り出し、アニメ界を牽引してきた京アニは、日本のアニメ史における、唯一無二の存在である。

2、アニメ界の旧弊を打破

健全な労働環境を提供

京都アニメーションを紹介する記事で、京アニは正社員雇用で、福利厚生も充実している、という内容に接することがしばしばある。

現在のアニメ界に対する関心が薄ければ、こうした記事の意味がいま一つ理解できないかもしれない。しかし、アニメ界は極端に長時間労働で低賃金、スタッフの定着率も低く、慢性的な人手不足、といった話題を眼にしたことはないだろうか。最近では、未払いの賃金の支払いを求めて制作会社を提訴したり、超過勤務の果てに自ら命を絶ったスタッフがいたりするなど、深刻な事例が表出することもある。

対して京アニは、こうした過酷なアニメ労働界とは一線を画し、健全な労働環境をスタッフらに提供して、それが「京アニ・クオリティ」と称される作品を次々と送り出す土台になった、と評されている。

実際、アニメ制作従事者へのアンケート調査（2014年）によると、「就業形態」の内訳は、役員・正社員は16・6％、契約社員は23・1％で、その他の約60％はフリーランス、自営業、パートなど、という結果だった。[*3] 正社員までを正規雇用だとすれば、アニメ界では8割以上が非正規ということになる。ただし、一般の労働界とは違って、アニメーターは自ら進んで自営業の立場を求める者も少なくないため、この数値が一人歩きしないよう留意は必要である。

それでも、正規雇用の比率が少ないというアニメ界が長らく抱えてきた慣習的な問題を眼の前にして、そこからどう抜け出すかということに、京アニは時間をかけて取り組んできたのは確かだと思われる。

では、その慣習的な問題とは、どのようなものだろうか。いくつかの点に絞って、京アニの取り組みとあわせて考えていきたい。

アニメ界の報酬はピラミッド構造

まず、労働環境についてであるが、アニメ制作に関わる者といっても、その職種はさまざまである。大きく分けて、製作資金を拠出して作品全体をプロデュースする立場、これはテレビ局や広告代理店、ゲームメーカー、原作の出版社などが該当する。もう一つが、作品を実際に制作する立場、すなわちアニメ制作会社（スタジオ）で、ここにアニメーターや監督、CGクリエイターらが在籍している。お気づきのように、アニメ（映画も）の世界では、以上のような区分で「製作」「制作」の2語が使い分けられている。作品の発注者となるのが「製作」で、スタジオは受注者としてアニメ「制作」を担当する。

アニメ界の労働環境に関する問題は、ほぼ後者のスタジオで生じている。しかし、このスタジオにも大きく分けて2種類あり、一つが発注者から直接作品制作を受注する元請スタジオ、もう一つが、元請がまかないきれず外注した作業を担う下請スタジオである。

一般的に元請スタジオは、作画、演出、CG、仕上、背景画、撮影、編集といった作品制作に必要な作業パート（職種）を全般的に確保しており、下請スタジオは、それら職種のどれかに特化した業態となっている場合が多い。

京アニの場合でいうと、もともとは仕上専門の下請スタジオ、そこに作画や演出、背景画など各パートを増強、充実していって、創業から二十数年を経て元請スタジオへと発展したわけである。

元請と下請とには、当然ながら主従関係があり、下請は元請から指示されたとおりの仕事を、相対的に安価で行うことになる。また、一般的には元請側によって作品制作の創造性が担保されることにはなるが、たとえばＣＧ、撮影など特定の職種で高い専門性を目指す方向もあるため、これらの職種に特化した下請が、常に元請からコントロールされる低い立場にあるわけではない。

問題は、これら各パートに従事するスタッフの、スタジオ（会社）側との雇用関係である。

アニメ制作の場合、特に多くの人手を必要とするパートは絵に動きをつける作画で、それに従事するのがアニメーターである。その名のとおり、アニメ制作の花形といってもよい職種だが、現在、このアニメーターの多くは「業務委託契約」という形態で仕事をしている。これはフリーランスの立場で、特定の作業を制作会社から委託され仕事をする、というもので、会社とアニメーターの間には雇用関係がない。アニメーターは毎日スタジオに出向いて絵を描いているが、これもスタジオが委託した仕事の遂行のために机や画材をアニメーターに提供しているという建前で、賃金は多くの場合で出来高制、各種手当てや保険などもない。そして、委託業務が終われば、そのアニメーターの仕事も終わり、スタジオに出入りすることもない。

こうした雇用形態は、下請ではもちろん、元請クラスの多くのスタジオで採用されている。元請スタジオであれば、アニメーターも社員として雇用している例は少なくないが、これも程度の問題といってよい。

出来高制でアニメーターがどの程度の報酬をもらえるかには、かなり差がある。業界に入ってまもない新人クラスで、描く絵の1枚あたりの単価は200円前後が多い。下請クラスであれば、さらに単価が下がることもある。

絵を何枚描くかで、アニメーターの月あたりの報酬が決まるわけだが、月に数万円という例も珍しくない。これを時給に換算すれば、東京都の最低賃金などをはるかに下回る、とんでもない安価になるのだが、スタジオとアニメーターとの間に雇用関係のない業務委託契約でのことなので、法的な責任を問うことも難しい。

なぜこれほど賃金が安いのか、それは発注者から支払われる制作費が安く抑えられているからに他ならない。

一例を挙げれば、現在、テレビアニメ1話を制作するためにスタジオが得ている制作費は1500万円前後である。たとえば1クール13話のシリーズだとすれば、その1話あたりの制作費の13倍がスタジオに支払われる計算になるが、ここでいう1話あたりの制作費は、かつて主流だった4クール52話、1年かけて放送されるシリーズであれば帳尻が合ってくる金額であって、深夜アニメで主流の1クールのシリーズでは到底まかなえないはずである。

ただし、マスコミではあまり報じられないが、1クールのテレビアニメではなく、劇場用長編のような規模の大きい作品で、監督、作画監督といったメインスタッフとして契約するスタッフの中には、年収換算で1000万円を超える報酬を得る者は珍しくない。最近私が接したある作品の監督は、そのさらに数倍の報酬を得ていた。

総じて、アニメ界に生きるスタッフたちは実力主義、報酬はピラミッド構造で、トップクラスの者は一般的なサラリーマンよりもはるかに多くの報酬を得ている。もちろんその一方で、休みなく働いても月数万円という若いスタッフが実在することも確かで、これはまったく容認できるものではない。その原因が、スタジオに投じられる制作費の安さにあるとなれば、不健全である。

先ほども引用したアンケート調査では、アニメスタジオで働く約750名に対する調査結果として、年間収入の平均は332万8000円、このうち100万円未満の者の割合は8・2%、逆に600万円超の者の割合は7・7%、調査集団の平均年齢は34・3歳となっている。

国税庁の調査によると、同じ2013年の民間事業所に勤務する給与所得者の1人あたりの平均給与は414万円で[*4]、これは日本全国の給与所得者の平均ということになるが、9割が首都圏に集中するアニメ界で働く者の平均収入は、それより約81万円低いことになる。

東京一極集中からの脱却

もう一つ、アニメ界の問題として挙げなければならないのが、いま述べた東京一極集中である。具体的には、日本全国に622社のアニメ制作会社（零細な下請会社を含む）がある中で、その87・1%に相当する542社が東京都内にある。これに、埼玉県（21社）、神奈川県（11社）、千葉県（1社）をプラスすると、9割を超えてくる[*5]。

1950〜60年代、東映動画と虫プロダクションが誕生し、アニメが大量生産される時代に入って、そこから分離独立し、もしくは深い関わりが生じる中で、こうした状況が形成された。東京都内といっても、この2社が所在する練馬区、そして隣接する杉並区の2区に合計241社ものスタジオが集中している。

東京一極集中それ自体を問題視するには及ばないかもしれないが、都内は地代など固定費の負担が重い。デジタル時代に入って作品素材をインターネットで送受信できる現在になっても、地方に拠点を構えるスタジオはごくわずかである。

大手スタジオのいくつかは、支社を地方に置き、新たな拠点化を図っているが、単体として地方に拠点を置く元請クラスのスタジオということになれば、数えるほどである。

「京都に出せば丁寧な仕上げが返ってくる」

京都アニメーションは、まずこの東京一極集中から抜け出し、そこで集約的に活動する中で、労働問題も解決していった形になる。

東京に拠点を置くメリットは、スタジオが集中する東京なら人材の流動性が高く、新たなプロジェクトのあるなしで比較的容易にスタッフを獲得でき、また調整が可能であること、スタジオ間での作品制作素材のやりとりは近接しているほうが好都合、作品の発注元はほぼすべて東京なため、打ち合わせ交渉などがしやすく、ひいては資金獲得がしやすいことなど、さまざま言われてきている。

ちょうど私がこの原稿を書いているのが、新型コロナウイルス感染症の流行時で、在宅勤務、リモートワークの推奨が叫ばれている。この経験を経れば、以上に掲げたような状況にも多少の変化が生じる可能性はあるが、東京一極集中を現在まで変えられなかった現状をかんがみるに、おそらく積年のやり方を変えるには至らないだろう。

こうしたことから、地方を拠点に置く場合、安定的に仕事を受注できる信頼を得ること、有能な人材の確保（退職者をできる限り出さない）、そして新人を教育できる環境が必須である。

京アニは、法人化した80年代後半から、その堅実で安定した仕事ぶりが東京の元請スタジオから評価されてきた。社長の八田英明は、２００５年2月のインタビューで、創業以来の京アニを、次のように回想している。

「京都に出せば丁寧な仕上げが返ってくる」というところから始まって、「じゃあ、またお願いをしたい」と、少しずつ信用をつけてきた。そういうところはあります。[*6]

また、劇場用長編アニメ『攻殻機動隊』などで知られるプロダクションI．Gの設立者である石川光久は、タツノコプロ所属時代、京アニへ外注した際のエピソードを次のように回想している。

自分がタツノコでやっていた時に、京都アニメーションは仕上げや動画をやってくれていたんだけど、一番、作品を良くしようという姿勢があるように見えた。[*7]

京都アニメーションさんは制作の頃に仕上げをお願いして、スケジュールや予算管理のクオリティが本当にすごくて尊敬していたんです。[*8]

そして石川は、自身がタツノコプロから独立する際、八田英明に相談し、結果的に新会社のための資本の提供を受けている。当時の京アニは、下請スタジオである。それにもかかわらず、すでに別会社の設立にあたって資本提供できるほどの余裕があった、というよりも、おそらく八田は石川の人間性と将来性を鋭く見越していたのだろう。そして実際、石川のプロダクションI.Gは、日本を代表するアニメスタジオに成長した。

これは一例に過ぎないが、アニメ制作スタジオの運営で最も難儀なのは、切れ目なく仕事が入ってきて経営上の資金が常に調達できる保証がない点である。担当していたテレビアニメシリーズの仕事が終わって、その後すぐに別の仕事がつながればよいが、そうはいかないことを前提にして、アニメーターなど多くのスタッフを社員として雇用せず、作品ごとの業務委託契約で確保するという状況が、現在でも主流である。

こういう状況では、人材育成はおぼつかない。対して地方に拠点を置いたほうが人材育成をやりやすいと主張するのは、2000年11月に富山県城端町《じょうはなまち》（現・南砺市《なんと》）にアニメ制作スタジオ「ピーエーワークス」を設立した堀川憲司である。京アニとともに地方に拠点を置き、独創性豊かな作品を数多く送り出すスタジオで、堀川は次のように語る。

現在の作品は3カ月の1クールものが主流ですが、その期間中に人材育成の成果を出すのは無理な話で、組織的な中長期プロジェクトとして取り組まなくてはいけない。（中略）

アニメ業界は慢性的な人材不足です。人を育て、制作のラインを社内に確保することで、スケジュール管理をしっかりして無駄なコストを減らす。すると、原画単価（のアップ）などに回せます。（中略）

（人材が）地方に来るということは腰を据えてやろうという覚悟がある。彼らに計画をきちんと説明して協力してもらう。*9

堀川が語るようなプランを、その20年も前の1981年から実績を積み上げ、そのプロセスにおいてスケジュール管理を徹底し、仕事の質を決して落とさず、元請スタジオから信頼を得て安定して仕事を受注することで、業容の拡大、時間をかけた人材育成の実現、これらを可能にしてきたのが京都アニメーションである。

時間はかかるが、京都（地方）だったからこそ、人材の育成と確保が可能だったという点が、京アニの「東京アニメ界」への挑戦の最大のポイントだった。

3、唯一無二の作品を生み出す

日常に潜む非現実感

京都アニメーションの作品群は「京アニ・クオリティ」という語で絶賛され、それが事件後に、京アニ作品を語る際にも盛んに使われた。

京アニ作品のクオリティを語るとすれば、確かに一分の隙《すき》もない緻密な作画や、キャラクターの内的世界を表現する細やかな演技、実在の風景の再現性、中間色を多用した独特の色彩などを挙げることができる。しかしこれは、あくまで「何か」を表現するための手段であって、京アニのクリエイターらは、こうした作画や色彩表現を「目的」としていたとは思えない。したがって、緻密な作画その他を追っかけていったとしても、京アニ・クオリティの本質には近づけない。

ドイツの劇作家B・ブレヒトが提唱して広めた「異化効果」という演劇理論がある。これは、当たり前と思われる事柄を、演劇を通して、新たな発見、さらには未知なるものに変えて見せる考え方である。言い換えれば、我々がごく普通に過ごしている日常を、まったく気がつかなかったものとして観客に伝え、感動させる、そんな技法である。

京アニ作品が「日常系アニメ」と呼ばれることは多い。『涼宮ハルヒの憂鬱』に始まり、『けいおん!』、『氷菓』、『たまこまーけっと』、『響け!ユーフォニアム』、そして劇場長編『リズと青い鳥』、『映画 聲の形』に至るまで、主人公たちの日常を描く中で、小さな出来事やキャラクターのちょっとした言動をきっかけにして、日常の中に潜む非現実感を描き出し、観客はいつのまにか自分たちの日常を再認識している。

その代表的な作品の一つがテレビアニメ『氷菓』（2012年）である。主人公らが通う進学校の廃部寸前の「古典部」というサークルに伝わる文集から、学校の過去に潜む謎を追いかけていくストーリーで、ジャンルとしてはサスペンスである。しかし、サスペンスとしてのストーリーよりも、性格のまったく異なる4人の主人公たちの日常と、全編を通して少しぼやけたような色彩で描かれる舞台背景との組み合わせで、主人公たちの心の動きを描写した点が優れていた。

それは、1980年代の日本映画、たとえば「尾道三部作」で知られる大林宣彦監督の作品のように、演技する俳優らの間の見えないはずの空気を、カメラを使って「かすかに見えるように」表現し、俳優らが言葉にしない感情を、その空気が運んでいるかのような一瞬の情景を作り出している映画にも似る。京アニ作品のファンの年齢層には意外に幅があるのは、そうしたかつての日本映画で描かれた世界を思い起こさせるからである。

視聴者が「観てくれている」

京アニの初期作品、テレビアニメ『AIR』（2005年）で監督を担当した石原立也は、同作で意識的に実践したキャラクターの細かな演技について、次のように語っている。

「こんなの（視聴者に）分かるかな？」というような細かい芝居もたまにさせているんですが、それをちゃんと観てくれている。たとえば、酔っぱらったキャラクターがほんのちょっとお酒の瓶を取り損ねるとか、ちょっとした目線の動き――ハンバーグを食べるときにチラっとお母さんの方を見たり――そういうところにも気づいてくれている。*10

石原は、京アニが法人化してまもなく入社して以来、現在まで一貫して京アニに所属する最古参の演出家の一人である。ここで石原は視聴者が「観てくれている」と語っているが、視聴者がちゃんと気づくように石原が演出しているから、というべきだろう。

そうした細やかな演技は、京アニ作品の大きな特徴として継承・発展し、最近の作品、たとえば山田尚子が監督した『映画 聲の形』（２０１６年）でもいかんなく発揮される。主人公の足元や手先など、アニメーションでは普通は省みられることの少ない部位を濃密に見せ、先天性の聴覚障害をもつ少女と、他者とのコミュニケーションを恐れる健常者の少年との2人の学校・日常生活が描かれていく中で、観客は、人間が口から発する「声」「言葉」という当たり前のものへの疑問を深めていくことになる。

その山田が監督した劇場用長編『リズと青い鳥』（2018年）での、キャラクターの表情や眼の微妙な動きによる表現を、山田は「感情を隠して、秘めていく」とし、その作画作業を次のように回想した。

静かなんだけど、止まってはいない絶妙なバランスで作画してもらいました。わずかな変化をずっと描いていく、すごいスタミナのいる作画作業だったと思います。[*11]

いわゆる日常を描くアニメということで言えば、京アニの仕事以前から、日本のアニメにはいくつも先行する作品がある。アニメ史の文脈でこのジャンルを考えるなら、まず挙げなければならないのが、『アルプスの少女ハイジ』（1974年）に始まる世界名作劇場シリーズ、そして『ハイジ』のほか『母をたずねて三千里』、『赤毛のアン』を監督した高畑勲の仕事である。

後にスタジオジブリで制作された、『火垂るの墓』（1988年）、『おもひでぽろぽろ』

（1991年）、そして遺作となった『かぐや姫の物語』（2013年）に至る高畑の仕事は、主人公の日常生活の描写と、そこに見え隠れする人間の本質をあぶり出すものだった。

その高畑は、アニメーションの特性について、次のように語っている。


アニメーションで非常に現実的なことなどやる必要がない、向いていない、とよく言われます。しかし僕はそうは思いません。アニメーションは優れた演者による落語の表現と同じ力も本来持っている。よく知っていると思いこんで、関心も払わなければ、その魅力に気付きもせずに過ごしていることがらを、ああ、人はこうして生きているんだなァ、という感動と共に再印象させる力があるはずなのです。[*12]

ブレヒトが「異化効果」と称した演劇理論を、高畑は「再印象」という語でアニメーションが「本来持っている」力として注目し、自身のアニメーションの話法として実践してきた。

そして、京アニ作品で描かれている「日常」も、この「再印象」をアニメによって実践するもので、そのためにはどんな舞台が、作画が、キャラクターの演技が、色彩設計が必要なのか、といったことが組み立てられてきたのである。

「ぼんやりとしたリアリズム」

あらためて、一般的な意味で京アニ作品が注目されてきた道筋を振り返ると、まず『涼宮ハルヒの憂鬱』では、第12話「ライブアライブ」で描かれたリアルな楽器演奏の作画や、エンディングのダンス、通称「ハルヒダンス」に代表されるように、音楽とのコラボレーションが挙げられる。「ハルヒダンス」は国内のみならず海外のファンからも人気を獲得して、多くの模倣ダンスの映像が動画サイトにアップされた。

アナログ制作の時代は、楽器の演奏やダンスなど作画に手間のかかるシーンは敬遠されることも少なくなかったが、デジタル技術の普及が、その状況を変えた。京アニ作品の豊かな色彩表現も、デジタル技術の普及を抜きにしては語れない。アナログ時代は、数百色の絵の具を使い分けてセルに着彩していたが、デジタルになると色数は理論的には無限に出せるし、塗り重ね（レイヤー）も無限にできることで、色彩表現の可能性は飛躍的に大きくなった。

『ハルヒ』以降も、『らき☆すた』、『けいおん！』、『響け！ユーフォニアム』といった作品で、京アニは、音楽と一体化したアニメを華やかに発展させた。

また、多くの作品で、実在の街や景観、建物などをモデルにして、いわゆる「アニメ聖地巡礼」のブームを作り上げたことも大きい。しかも、実在の舞台を誰にでもわかる形で描くことはせず、「たぶんあそこがモデルだろう」とファンが興味をもち、そこへ実際に出向いて探索したくなる、そういうバランスを意識して描いていたからこそ、ブームの形成と盛り上がりにつながったのではないかと思われる。

一方で、京アニ作品のテレビアニメは深夜帯に放送されてきた。あくまで中高生以上のアニメファン世代をターゲットにしながらも、今まで深夜アニメなど見なかった観客を取り込むことに成功した。

それは、たとえば京アニ所属の女性の監督たちが、「男性の好み」にはよらないキャラクターデザインや細部の演技にこだわり、そして聖地巡礼といいつつも、それを見せびらかすことなく、その作品のキャラクターたちが生活し活動する場としてどう描き出すかという、作品制作の本質を決して外さなかったからである。

見た目の刺激、あざといデザインや演出を、京アニは徹底的に排し、または嫌いぬいてきた。両手で愛しげに抱えるように、壊れてしまいそうだが決して壊れないように、見た目の刺激によらない「ぼんやりとしたリアリズム」を作り上げてきた。だからこそ、京アニ作品に数多く登場する年頃の女の子たちは、作中の多くの友人たちに囲まれ、フレームで切り取られた風景の中にそっと立っていることで、「年頃の女の子」として作中に息づいているのである。

「ぼんやりとしたリアリズム」によって、作品を見る観客らは、その「ぼんやり」をそれぞれの心の中で受容し、組み換え、観客それぞれの記憶や嗜好と重ね合わせることで「リアル」だと感じる。アニメという架空の、作り物の世界での出来事ではあるが、ちょっと手を伸ばせば自分自身がすぐにでも現実世界の中で体感できるように思わせ、そして実際に体感してみようとする。その先にあったのが聖地巡礼ブームであり、ガールズバンドのブームだった。

これがまさに、ブレヒトのいう「異化効果」、高畑勲のいう「再印象」を、京アニが実践することで形になったアニメの創造力であり、「京アニ・クオリティ」の本質である。

こうした作り方は、マニュアル化できるものではない。京アニが長い年月をかけて、京アニという枠組みのなかでスタッフらと共有しあい、一つの作品に向けて手先と意識を集中させなければ実現不可能だろう。

しかしおそらく、京アニスタッフらは、「マニュアルがない」とは考えていない。どうやって、京アニはそんな世界の創造を、実現してきたのだろうか。

4、京アニの「家族主義」

「みんなで分かち合う」価値観

京都アニメーションは「秘密主義」とも称されるほど、その内部のことは表に出てこない。社長の八田英明は「作品がすべて」であることを理由に挙げ、スタッフを外のイベントなどにはあまり出さないし、自身も社外に向けてほとんど発信してこなかった。しかし、孤高の芸術家ならともかく、商業ベースで、大衆に向けて、商品としての文化を生産している立場である。見せかけでもよいから、もう少し情報を表に出すべきだと私は思うが、京アニは頑として考え方を変えない。

企業秘密という言葉の通り、京アニでなくとも、そう簡単に内輪のことを公開する組織はあまりないとは思うが、京アニは、その秘密主義、緘口令《かんこうれい》が所属スタッフの隅々まで浸透しているようである。

もうずいぶん前、私は京アニ所属のある現役スタッフを、同業者が集う宴席に招いたことがある。現役スタッフが簡単にこうした場に出てくるはずがないことを知った上で私は誘い出したのだが、幸いにも同席してくれたそのスタッフに聞いてみると、「今日は会社を休んだ」とのことだった。そして当然、そのスタッフは、会社内部のことは誰に何を訊かれても、いっさいしゃべらなかった。

京アニ・クオリティといわれるハイレベルの作品が制作できたのは、京アニが現在のアニメ界では稀な正社員雇用をして、安定した給与を支払い、スタッフの教育や福利厚生を充実させて、長期間の定着を図ってきたからだと、よく言われる。

確かにそれは、その通りである。アニメのクリエイターは、多くの場合現場で経験を積まないと戦力になれず、育成期間中は会社の持ち出しである。だが、それを前提として、スタッフを社員雇用し、時間をかけて教育する余裕のあるスタジオは少ない。

それでも私は、京アニ・クオリティの土台は、正社員雇用だからとか、収入が安定しているからとか、そういったことではなく、京アニ全体が一つの「家族」として、物理的なことから精神的なことに至るまで「みんなで分かち合う」価値観が根づいていることだと考えている。

充実した福利厚生

京アニスタッフの雇用について、ホームページでの最新の求人情報をみると、社員は「契約社員」であって、契約期間は1年、「勤務状況・成果等を考慮して、契約を更新する場合があり」「正社員（期限の定めのない雇用契約）への登用制度あり。別途、正社員採用試験を受けて頂き合格すれば、正社員に登用される」となっている。もちろん契約雇用であっても、社会保険は完備である。

この内容であれば、京アニではなくても、正社員雇用しているスタジオでは一般的なものである。その時点での業務計画によっては、最初から正社員雇用する場合もあり得るが、多くの場合は試用期間として契約雇用し、スタジオ側はその契約期間中に、採用時には見極められなかったスタッフの適性を判断する余地を残している。

アニメーターの場合、新人は「動画マン」という、先輩アニメーターの仕事を補佐する役割を担うことから始まり、その間に技能が上がれば一人前の「動画マン」として雇われる。その道筋の中で、3年以内に「原画マン」に昇格できなければ契約更新しない、といった雇用方法を採用しているスタジオもある。

私が京アニの求人情報で注目すべきと考えたのが福利厚生で、「ノー残業デー（月1回）、育児休業、育児短時間勤務、育児在宅勤務、介護休業、介護短時間勤務」とある点である。求人票で、ここまで書いているアニメスタジオは、きわめて少ない。少なくとも京アニのような「準大手」スタジオでは、他にないのではないかと思われる。

一般企業でも、求人や社内規定でうたわれている内容と現実とが乖離《かいり》していることはあり、それが問題となることもある。しかし京アニでは、クリエイター系の職種に就いていた女性社員が、結婚し、出産後に育児休暇をとり、その後時短勤務で復職したという例を私は知っている。

そして、京アニ内には託児施設があることも、事件後の報道で伝えられた。京アニは、社員が気持ちよく、そして長く働けるような体制を整えていることは明らかである。

京アニ入社試験の課題

京アニスタッフが得ている収入については、私はごく少数の例しか接したことがなく、これだけで給与水準を語ることは避けるべきだと考える。

ただ、私が京アニのこの種の話題に接して感じてきたことが、先ほども述べた「京アニは一つの家族」であり、「みんなで分かち合う」集団、ということである。

それがどういう意味なのかを理解するにあたって、京アニが新人募集の際に、応募者の何を見ているのかを考えてみたいと思う。

私は関西の複数の大学で教えていた時期、京アニへの就職を希望する学生を何人も見てきた。そのうちの数名は実際に京アニの門をくぐることができたが、就活中の学生から、京アニに提出する書類の書き方や課題の内容について相談を受けることもあった。

京アニに就職するための虎の巻を私が持っているはずもなく、就職希望先が京アニだからといって特段の指導ができるわけではないが、かなり前のこと、ある学生が持ってきた、「京アニに提出する課題」というのを見て、私は驚いた。

その課題というのは作文で、テーマが2つあり、その2つのテーマで2本の作文を書き提出するのである。ちなみにその学生の希望職種は、アニメーターである。

課題文をそのままここでは書けないので、イメージで紹介すると、次のようになる。

「課題1　あなたが大学生時代を通じて頑張ったことを書いてください」
「課題2　あなたが大学生時代に経験したことを活かして、当社でやってみたいことを書いてください」

この2つの課題は、うっかりすると書く内容が少なからず重なってきてしまう。これをどう書き分けるのか。就活中の大学生であれば、いや一人前の社会人であっても、多くの者は書く手が止まってしまうだろう。しかしこの学生は、結果的に合格した。

もう一例。やはり京アニへ就職できた別の学生は、一例目と違って私は相談を受けることはなかったので、何がどうなって京アニに入社できたのかはわからないが、その学生は、いわゆる「雑用」を率先してこなすことができるタイプだった。

美術系大学のような、さまざまな個性が入り乱れる集団の中で、自分自身も言いたいこと、やりたいことがたくさんありながら、集団を見渡して考え、なにをどうすればその集団がより良い方向へ動くことができるのか見極め、そのためには雑用もいとわない、しかもそれを軽やかに実践できる、そんなタイプである。

そして、京アニへ就職できた何人かの学生を見ていて私が感じたことは、入社前に絵がどのくらいうまいのかを、絶対的に問われることはない。挙げた2例で言えば、1例目の学生は、一般的なアニメスタジオであれば、就職してすぐアニメーターとして仕事ができると思われるほどに絵がうまかったが、2例目の学生はそうではなかった。

京アニは、「人」を見ている。入社を許す者たちの、人間性を何よりも重視しているのである。京アニファミリーとして入っていける人間性があれば、京アニのプロとして絵を描くテクニックなどは、入社してから教えればよい、そんな考えである。

自給自足の「独立国」

京アニは、20年も前から一般に向けて「プロ養成塾」を開設している。受講生は京アニへの就職を保証されているものではないが、ホームページに掲げられた「指導方針」には、「1、コミュニケーション能力を磨く」「2、実践的作業から向上心を育てる」「3、プロの仕事の『楽しさ』と『厳しさ』を教える」「4、効率的な作業の進め方・考え方、集中力を身につける」とあり、第一に「コミュニケーション能力」を掲げるところからして、また4点すべてにわたって、おおむね「心の教育」である。

また、最近の入塾生の募集要項では、履歴書のほか、「志望動機」「自己PR」「作文（テーマに沿った)」を提出することになっており、実質的に3点もの作文が課され、履歴書を含む4点とも「手書きのみ受け付け」となっている。

そして、養成塾を経ての入社か否かにかかわらず、社内での研修が充実しているようで、おそらくそこでも京アニファミリーとしての教育がなされているのだろう。

これは私のまったくの想像だが、受講生や新入社員らに、1本の線を引くにもその理由を問い、考えさせ、その結果を言葉でしゃべらせる。つまり、先輩から新人に向けて、一方通行で指示・教育するのではない。

既成の概念に疑問を持ち、時にはいったん捨て、考える、そういうことが求められているのではないかと思う。

この方法であれば、考え、解決するまでの道筋に、論理性を求める形になることに注目したい。商業アニメの作画は、創作ではあるけれど、定型を理解した上での論理性が重要だからである。ただ感性に任せて描くような仕事ぶりでは、厳密な締め切りを課される商業アニメの世界では、やっていけない。

念のために申し添えるが、京アニではなくとも、多くのアニメスタジオでは、美大や専門学校を卒業した新人がすぐに戦力になるとは考えていない。どんなに絵がうまくても、アニメの作画のプロとしてのスキルは独特で、仕事を通じてそれを経験させ、教えていかなければ戦力にならない。

しかし、そんな教育の余裕があるスタジオはごく少数で、とにもかくにも絵が描ける新人を入社させて、すぐに作業ラインに組み入れ、現場で直接教育し、こなしていかなければならないのが、現在の一般的なアニメスタジオである。


東京から遠く離れた京都で、元請スタジオとして継続的に、しかも安定して維持するために重要なのは、何をおいても「人材」である。京アニという「家族」のために行動と意識とを集中できる結束力と、不測の事態が生じた時に的確に対応できる柔軟性、そして周囲への気配りと気遣いとを怠らず、それを常に「言葉」にできる人間力、こうした要素をもった人材を、京アニは集め育てて、定着させてきた。これが、京アニ・クオリティの礎《いしずえ》として、長い時間をかけて積み重ねられ、維持されてきたのではないだろうか。

そのために京アニは、作品制作以外からも収入源を確保しようと、キャラクターグッズも独自に開発・製造して、直営の「京アニショップ」で販売している。

そして、漫画やライトノベルなど既存の原作によらず、自社独自の原作を得るために

「京都アニメーション大賞」を設けて小説やシナリオを公募し、優秀作は「KAエスマ文庫」というレーベルで書籍化され、またアニメ化もされている。テレビアニメ『中二病でも恋がしたい！』（2012年）や『Free!』、『ヴァイオレット・エヴァーガーデン』（2018年）などは、この懸賞から作品化されたものである。

作品制作だけを行うのが普通のアニメスタジオで、養成塾の設置による人材教育、マーチャンダイジング、そして原作の公募と出版までを手がける京アニは、文字通り自給自足の「独立国」である。

東映動画と虫プロの伝統を最高度に昇華

長時間労働と低賃金、スタッフの定着率の悪さ、結果としての作品の質の低下など、ずっと抱えてきた現状を、アニメ界はなぜ変えられなかったのか。

アナログ時代からデジタル時代、製作資金の調達方法の変化など、年代によっても事情は異なるが、総じて、昔気質《かたぎ》で来てしまったことが最大の要因だと、私は考える。昔気質で来たことには理屈がない。困ったことに、かつてその昔気質に苦しんでいた人たちが年月を経て経営側に立った時にも、変えられなかった。変えなくても、なんとかなってきたし、若い頃の自分もさんざん苦しんだのだから、今の若者にも、その「洗礼」を味わってもらおう、そんなところである。

ここ数年、ネット配信による作品発表が急速に普及し、従来のテレビや映画館などでの公開を経ずに初回からネット公開、さらにはネット公開専用の作品も増えてきた。こうなると、作品製作の資金調達の流れも変わり、その動きの変化を敏感に感じ取った若い経営者も何人か出現してきて、それぞれ新会社やスタジオを立ち上げている。

そうした動きで、日本のアニメ界にも変化が起きるかどうか、注目していくべきだが、40年近く前に創業した京アニは、そもそもアニメ界を変えようという発想はなく、当初から「独立国」の成立にこだわったのではないか。それが京都に拠点を置いたからこそ、というのであれば、確かに京アニは地方拠点のスタジオとして範を示したと言える。

再びアニメ史の観点で捉えなおせば、虫プロから始まるテレビアニメの世界で人気を獲得して、主要作のほとんどをテレビアニメで発表してきた京アニではあるが、京都に拠点を構えて以来の姿勢は、時間をかけてスタッフを教育し、作品の質にこだわってきたという点で、むしろかつての東映動画、そしてスタジオジブリに近い。

つまり京アニは、東映動画と虫プロという日本のアニメの双方の伝統を引き継ぎ、それを最高度に昇華させた。

同時に、その活動はアニメ界全体に影響を及ぼし変化させることなく、また変化させようという野心もない。結果として、京アニは一つの家族であり、独立国なのである。

注

＊1 「奪われた輝き 京アニ放火殺人事件／上（その2）『脱下請け』への情熱」毎日新聞電子版、2019年8月17日。「妹が育てた京アニ、再興を 創業者の兄、『後輩』への思い」朝日新聞電子版、2019年11月18日5時00分。

＊2 「仕事の誠実さと人の和感じる会社」『アニメージュ』1992年11月号（徳間書店）：93ページ。

＊3 一般社団法人日本アニメーター・演出協会実態調査プロジェクト委員会（編）『アニメーション制作者実態調査報告書2015』（公益社団法人日本芸能実演家団体協議会、2015年）。

＊4 『平成25年分民間給与実態統計調査 調査結果報告』（国税庁長官官房企画課、2014年）。

＊5 『アニメ産業レポート2019』（一般社団法人日本動画協会、2019年）。

＊6 「ハイクオリティの秘密 ギサブローのアニメでお茶を」『アニメージュ』2005年4月号（徳間書店）：102—103ページ。

＊7 「この人に話を聞きたい 第69回 石川光久」『アニメージュ』2004年1月号（徳間書店）：

138―141ページ。

＊8 「『こんな低予算では食っていけない』挑戦し続ける Production I.G・石川光久社長の原点と理念」ウェブ「アニメ！アニメ！」2019年7月22日。

＊9 「アニメスタジオが地方に定着　富山・徳島など」『日経エンタテインメント！』電子版、2015年11月19日。

＊10 前掲＊6「ハイクオリティの秘密」

＊11 「作品振り返りInterview　リズと青い鳥」『私たちは、いま!!全集2019　私たちの、いま！』（株式会社京都アニメーション、2020年）：50―53ページ。

＊12 高畑勲「人間を再発見する力」『アニメの世界』（新潮社、1988年）：91―93ページ。

第4章　事件があらわにしたこと

1、アニメにまつわる事件史

京アニ事件は、容疑者が京アニのファンだった可能性があり、京アニが公募する懸賞に応募した形跡があるということで、アニメファンが起こした事件という位置づけでも捉えられている。

ただ、容疑者が本当に「アニメファン」と言えるような人物なのか、そしてアニメファンであることと京アニ事件とがどの程度強く結びつけられるのか、想像力を駆使したり状況証拠で論じたりするのは自由だが、今のところ断定はできない。取り調べの結果、容疑者が特異な人格の持ち主であったことが明らかになれば、アニメファンであることと事件との関係性を問うことが困難になる可能性もある。

アニメ制作スタジオが標的になり、36名もの人命が失われた殺人事件にまで発展したことは、過去にない。アニメにまつわる事件ということでいえば、未曾有の大事件ということになるが、そこまでに至らなくとも、事件の動機や標的、また容疑者とアニメとの関わりなどで注目された事件は、過去にもあった。

本節では、事件の影響でアニメファンが「被害」を受けた例、作品内容に対して問題が指摘され放送中止になった例など、いくつかの類型で、振り返ってみたい。

連続幼女誘拐殺人事件

1988年から翌年にかけて発生した事件である。東京と埼玉で4人の幼女が誘拐、猥褻行為の上に殺害され、その遺骨を被害者宅に送りつけるというきわめて残忍で異常な事件だった。しかも、実行犯を名乗る者が犯行声明文を報道機関に送り、そこで犯行の経緯や内容を克明に「告白」するなど、日本の犯罪史上例をみない展開をたどった。

最初の犯行から約1年後、容疑者の宮崎勤（当時26歳）は逮捕され、精神鑑定を受けた後に起訴、最高裁まで争われた。しかし、法廷での容疑者の発言はあいまいで意味不明の内容も多く、犯行動機は明らかにされたとは言えないまま、2006年2月に死刑が確定、2008年6月17日に刑が執行された。[*1]

容疑者の逮捕後、容疑者の自宅の部屋がマスコミに公開された。そこには、大量のビデオテープや雑誌などがぎっしりと積み重ねられ、その「異常性」が強調された報道になった。しかも、そのビデオや雑誌がアニメや漫画関係のものであるとの報道になり、容疑者の属性を説明する語として「オタク」が初めて大々的にマスコミに取り上げられた。ただし、報道では「オタク族（おたく族）」と、なぜか「族」がつけられており、当時、オタクやその周辺にいた者たちは決して「族」などつけることがなかったため、オタクたちは若干苦笑まじりにその報道を見ていたものだが、事の真偽に関係なく、「いい歳をこいて漫画やアニメに没入する」オタクへのバッシングは、凄まじさを極めた。

特に、容疑者の逮捕の約1か月後に、漫画やアニメを中心とした同人誌の展示即売会である恒例のコミケ（コミックマーケット）が開催されたため、コミケがあたかも容疑者に類するオタクたちが日本全国から集うイベントであるというまなざしで、マスコミの注目を集めることになった。

さらに、漫画やアニメにおける性表現が大きな問題となり、そうした表現が盛り込まれた漫画に「有害コミック」というレッテルを付し、販売の差し止めや表現の自主規制が行われて、表現の自由の是非にまで議論は発展した。

この事件は、犯行の残忍性・猟奇性と容疑者の嗜好とが結び付けられ、しかもそれが一般のアニメファンや漫画読者にも波及して、ファンが異常な眼で見られるという、ファンにとっては深く傷つき、また長く記憶に残る事件となった。したがって、京アニ事件でも、そのことを思い出したファンは少なくなかったと思われる。

後になって確かめられているが、この事件の容疑者の部屋から押収されたビデオテープ約6000本のうち、確かに少女趣味に類する内容、猟奇的なホラー映画などは含まれていたが、それはごく一部で、大半は一般のテレビアニメや特撮番組などを録画したものだった。したがって、容疑者が当時の認識に沿った「オタク」だったとして、その点が事件に影響したのか、したとすればその病理は、といった重要な点は、容疑者の供述があいまいで、取り調べや公判過程でもそれは変わらず、結局解明は不十分に終わった。

にもかかわらず、そうした点を十分に取材することなく、好奇の眼で、興味本位でオタクたちを吊るし上げたマスコミに対して、オタクたちには強い不信感が残る形になった。

アニメや漫画は子どもたちの教育上よろしくないとして、1950年代から「悪書追放」として漫画が取り上げられ、1970年頃には永井豪の漫画『ハレンチ学園』がPTAから激しく批判されるなど、古くから繰り返されてきた問題ではあるが、この事件に端を発するオタクたちが受けた傷と残した影響は、あまりにも大きかった。

ポケモンショック

1997年12月16日、18時30分からテレビ東京系列で放送されていたテレビアニメ『ポケットモンスター』第38話「でんのうせんしポリゴン」の視聴者の中から、幼児や児童を中心に多数のけいれん発作、意識障害、不快気分などの症状が起こった。医療機関に搬送された者は合計685名にものぼり、死者こそ出なかったが、テレビアニメ視聴中に起きた、まったく予想もされなかった事態として、大きな問題となった。[*2]

この事態に対して、厚生省（当時）は調査に乗り出し、原因、健康被害の状況、また被害を受けた者たちの過去の病態などについて追跡された。

その結果、原因は作品の中で、光が激しく明滅する映像が断続的に出現し、これを見たことによる「光過敏性発作」が引き起こされたと推測された。具体的には、周波数が約12ヘルツの赤・青の明滅刺激であり、これが脳に影響を及ぼしたこと、また視聴環境では、テレビ画面と視聴者との距離にかかわらず、明るい部屋より暗い部屋で見ていた者に被害が生じる度合いが高かったことがわかった。

さらに、発作が起きて搬送された患者のうち、過去にてんかんの診断を受けたことがある、もしくは抗てんかん薬を服用中の者が約3割あったことも明らかとなった。

いずれにせよ、フラッシュのように光を明滅させる映像の演出は、アニメや特撮などでは以前からよく行われていたものである。それが健康被害の原因となって、しかも数百名にも及ぶ視聴者がいっぺんに救急搬送されたというこの事態は、テレビ放送界やアニメ界に大きなショックを与えた。

これを受けて、『ポケモン』は約4か月間にわたって放送を中断して、原因究明や今後の対応方策などが検討され、郵政省（当時）は『ポケモン』放送局のテレビ東京に対して厳重注意を行った。対策検討の結果、過度な光の明滅による演出は行われなくなり、また、多くのテレビアニメ放送の冒頭で、「テレビからじゅうぶんに離れて見ましょう」「部屋を明るくして見ましょう」といったテロップが表示されるようになったのは、この事態がきっかけである。

そして、ポケモンショックに危機感を覚えたもう一つのサイドが、アニメーション研究者だった。それはつまり、こうした事態の発生にあたって、アニメサイド側の立場でコメントする窓口などが、まったくなかったからである。アニメーション研究者といってもその分野はさまざまで、特にこのポケモンショックを受けて、心理学の立場でアニメーションを扱う研究者らが、窓口の不在を問題視した。

その結果、翌1998年7月、アニメーションに関わるさまざまな分野の研究者や制作者が集まって、日本アニメーション学会が設立された。

私自身も日本アニメーション学会に設立直後から入会し、ここ10年ほどは理事も務めているが、設立から20年以上を経て、当初意図したスポークスマン的な役割を果たせているかというと、京アニ事件の際も含めて、残念ながら不十分なままである。

京田辺警察官殺害事件

2007年9月18日、京都府京田辺市で、京都府警の警察官が、高校2年生で16歳の次女に殺害された事件である。殺害方法は、手斧で父親の首を切りつけて失血死させるという残忍なもので、しかも事前に手斧をホームセンターで購入するという計画性も認められたため、大きく報道された。

逮捕された次女は、その後中等少年院への保護送致が決定し、事件としては解決をみたが、当時放送されていたテレビアニメ『ひぐらしのなく頃に解』、そして『School Days』の内容に、事件を想起させる描写があるということで、ネット局のいくつかで放送休止、または延期の措置がとられたのである。

『ひぐらしのなく頃に解』のネット局の一つ、KBS京都は、第12話の放送休止について、次のようなコメントを出した。

「事件と番組の関連があるかどうかは不明ですが、少女が凶器を持っている場面などがあり、地元京都の事件であることなどから、番組を不快に思われる視聴者の方がおられる可能性があることを考慮して判断させていただきました[*3]」

KBS京都では、結局翌週に放送を再開したが、放送自体を打ち切った局もあった。

『ひぐらしのなく頃に』は、2006年4月から放送され、全26話、同人ゲームを原作としてテレビアニメ化された作品である。山奥の雛見沢村（架空）の中学校に、東京から転校してきた少年が、村に伝わる風習や、かつてあったダム建設計画にまつわるさまざまな怪事件の話を聞き、その謎解きを主軸としたミステリー、かつホラー的要素をも交えたサスペンスになっている。

作品は好評で、1年後に第2期として制作・放送されたのが、本件で問題となった『ひぐらしのなく頃に解』だった。作中には、確かにメインキャラクターの少女が血塗られた鉈《なた》を持って立つシーンがあるが、1年前の放送の第1期にも同じ描写がある。

しかし、少なくとも事件報道からわかる範囲内では、逮捕された少女がアニメファンだったとか、まして作品に影響されて犯行に及んだという形跡はなく、また警察当局その他が作品内容を問題視することもなかったはずである。

したがって、ネット局による放送打ち切りや延期は、放送局独自の判断、いわば「自主規制」だったことになる。放送を打ち切った東海テレビは、その理由を次のように説明した。

「社会的にもショッキングな事件で、その日の分の放送でそれを連想させるであろうシーンがあったため休止を判断した。事件関係者もふくめて、不快に思われる視聴者の方がおられるのではないかということで、視聴者の気持ちを慮った」[*4]

一方の『School Days』は、同タイトルのアダルトゲームを原作としたテレビアニメで、放送を中止したテレビ神奈川は、「18日に起こった少女が父を斧で殺害した事件に類似するシーンがあった。アニメ自体に問題があるというわけではなく、社会的な影響を考えた」と説明した。[*5]

ちなみに、テレビ神奈川は『ひぐらしのなく頃に解』も放送していたが、こちらは事前のプレビューで、内容に問題なしと判断し、通常通り放送されている。

当時これらの作品を見ていたファンにとっては、まったく寝耳に水の事態で、これまでたアニメが悪者になるのではないかと危惧したファンも少なくなかったのではないかと考えられる。あるいは、現に放送中のテレビアニメが、事件の背景もよくわからないままに放送中止になったのだから、この段階ですでに「悪者」にされたと言えなくもない。

その後、京田辺事件は、話題としては終息をみたが、こうした放送局の「自主規制」「自粛」は、作品を制作する側の規制や自粛にもつながりかねない。実際にこれ以後にも、次のような事態が起きている。

２０１４年７月に長崎県佐世保市で起きた、女子高校生が同級生を殺害し、遺体を切断した事件（佐世保女子高生殺害事件）では、放送中のテレビアニメ『PSYCHO-PASS サイコパス 新編集版』第４話が放送中止となったが、これも事件を想起させる内容を含むとの判断があったものと見られている。

2017年10月に発覚した、神奈川県座間市のアパート室内で若い男女合計9遺体が発見され、部屋に居住する男が殺人、死体損壊・遺棄などの容疑で逮捕された事件（座間9遺体事件）では、国会議員がテレビ番組で「猟奇的なアニメの影響を受けた」という趣旨で発言し（後に撤回）、強く批判された。

類似の事態が起きるたびに、表現の自由ともあいまって扱いの難しい問題として捉えられ、また「自主規制」といういわゆる「臭い物にはフタをする」安易な対応も見え、現在まで明確な基準などは示されていない。

以上に掲げた事件のほか、京アニ事件でも報道で明らかになったような、作品や作者に対する脅迫事件は、しばしば起きている。

また、特に猥褻目的で少女や幼女が犯罪に巻き込まれる事件が発生した時には、容疑者がアニメファンか否か、そういう視点でマスコミに取り上げられないか、アニメ関係者やファンの中にはそうした不安がくすぶるようにもなり、現在に至っている。

2、専門家はなぜ沈黙したのか

アニメファンが攻撃されてきた歴史

第1章で、京アニ事件では、本来ならコメントしたり解説したりするべき専門家の多くが取材を断ったことに触れた。実際に何人の専門家が取材を断ったのかをデータとして得ているわけではないし、京アニ事件において、私以外この話題を取り上げている例もほとんどないように思われる。あるいは、このことを問題にすること自体がタブーなのかもしれない。

それでも、事件報道に少なからず関わった私としては、問題としての大きさにかかわりなく、多くの専門家が事件に対するコメントを封印したという事実は、京アニ事件であらわになった特徴的な事象の一つとして指摘しておきたいと考える。

第1章で書いたように、専門家がコメントを避けた理由は、まず、事件の異常性、凄惨さを前にして、不用意に発言することによるリスクを避けようとしたこと。これは、評論家や研究者だけではなく、京アニとの仕事上の縁が深い関係者（たとえば京アニ作品に出演していた声優など）ほど、コメントを避ける傾向が強くなったと考えられる。

次に、京アニ作品を漏れなく見ている専門家は少なく、十分にコメントできない可能性を危惧したこと。それに関連して、京アニの「秘密主義」が遠因になり、コメントするためのバックグラウンドとなる情報が少なかったこと、この3点は挙げられる。

これらに加えて、前節で取り上げたように、過去に起きた事件でアニメやアニメファンが不当に攻撃され、あるいは差別を受けてきた歴史がある。京アニ事件では、容疑者と京アニとの関係が事件初日から報道されていたことから、マスコミに対する不信感、警戒心が呼び起こされ、コメントを閉ざしたのではないかと考えられる。

特に、連続幼女誘拐殺人事件の記憶は、事件から30年以上を経ても、一定以上の世代のアニメファンにとっては鮮明である。京アニ事件の容疑者が京アニファン、アニメファンだったとすれば、あの凄惨な事件を起こした容疑者の存在から、アニメファンは「異常」であって、だから事件を起こしたと捉えられることを、オールド世代のアニメファン、そして専門家は危惧した。実際、少なくとも私は危惧した。

文筆家の古谷経衡は、事件直後にいち早く論評した識者の一人で、次のように記している。

京都アニメーションは、私たちアニメオタク（――あえて私たちと複数形で記するのは、筆者である私自身がアニメオタクのひとりであるからに他ならない）にとって、〞アニメオタク差別〞を変えた、つまり〞アニメオタク差別〞を超克する分水嶺を作った社として歴史に名を刻まれることになったアニメ製作会社である。（中略）

現在では信じられないことだが、この国にはほんの10～15年前まで、アニメオタクに対する根強い差別と偏見があった。1988年～1989年にかけて起こったM君事件（宮崎勤事件）の社会に対して与えた衝撃が、紆余曲折のうえ、オタク＝二次元性愛者、アニメ愛好家、ロリコンなどと変換されていった[*6]（以下略）

そして古谷は同論で、アニメオタクが90年代にかけて、いかに不当な差別を受けてきたかを滔滔《とうとう》と書き、『涼宮ハルヒの憂鬱』以後の京アニの仕事が、アニメオタクの社会的な位置づけを変えたと論じた上で、「この日を忘れるな。文化と芸術に対する最大限の侮辱と攻撃に、私たちは断固として挫けない。テロには絶対に屈しない」と結んでいる。

事件以後、SNSや個人のブログなどで、容疑者を非難しながら、いきなりアニメオタクを十把一絡げに罵倒する書き込みはあった。しかし、事件当日から数日を経る中で、その声は大きな波として形成されなかった。

古谷も指摘しているが、現在オタクたちは、尊敬はされないまでも、一応の市民権を獲得したといえる。ちょっと手を伸ばせば体感できそうなリアリズムが溢れる京アニの作品群は、伝統的なアニメファン以外のファンをも獲得し、確かにオタクたちの社会的位置づけを変えることに貢献したスタジオの一つだといえる。

それでも私は、過去の記憶を拭い去ることができなかったので、容疑者とアニメファン、オタクとが分割された今回のネット上での大勢には、少し意外の感を受けつつ、同時に安堵した。

だから、というわけではないだろうが、事件から時間が経つうちに、本来ならコメントすべきと私が考えていた識者らが、事件について語り始めた。それらは週刊誌のコラムだったり、自身がもっているメディアだったりで、記者からコメントを求められてマスコミ側に編集される形ではなく、いわば自分が書ける、しゃべれる場であるということも、大きかったかもしれない。

「昔に比べてちょっと違うな」

批評家の東浩紀は、次のように記した。

　京アニの作品には暴力表現がほとんどでてこない。経営も家庭的で社員も女性が多かった。東京一極集中が強いコンテンツ産業のなかで、地方に拠点を置く意欲的な企業でもあった。京アニは、いわば現代日本の「やさしさ」や「繊細さ」を象徴する場だった。そのような場が、理不尽な暴力によって破壊されてしまったのだ。（中略）
　筆者自身、京アニ作品には思い入れがあり、事件を知ったときは怒りに身が震えた。けれども、「テロに屈しない」と拳を突き上げ、憎悪を駆り立てるのは京アニのスタイルからもっとも遠い。京アニから学んだ「やさしさ」を忘れないこと、それこそがテロへの最良の抵抗なのではないかと思う。[*7]

評論家の岡田斗司夫は、事件3日後の7月21日、ニコニコ生放送で次のように語った。

事件や犯人については、今はニュースを見るしかできない状況で、一時はちょっと今日のニコ生をお休みするかもしれないというくらい落ち込んでいました。楽しい放送ができるか自信がなかったからです。

テレビの取材依頼も何件か来たんですけど、しかし、自分よりも相応しい人が答えるべきだと思い、知り合いのアニメ評論家の人を何人か紹介させていただきました。

昔と違って、取材申し込みをしてくれる記者の方が、京アニの作品を知っている方が多くて、同じ様に悲しんだり怒ったりしてくれたのが、今回の件での唯一救いと言いましょうか、自分的には「ああ、なんか昔に比べてちょっと違うな」と思ったところでした。[*8]

「昔と違って」というところは、岡田のみならず、同世代の識者やファンにとっての、率直な感想だろう。やはり岡田も、過去のマスコミに対するある種の感情が払拭できないでいたのである。したがって、「何件か来た」というテレビ取材を断った理由の本心は、ここでは語られていないように感じる。

さらに、アニメ監督の押井守が、事件について次のようにコメントした。

（京アニは）思想的な作品を作っているわけではなく、誰かの気持ちを逆なでするような危険性も薄い。それに京アニは、スタッフに女性が多いことでも知られていた。にもかかわらず、犯人は彼らを選んだ。非常に理不尽感が強く、テロと呼ぶこともできる。テロが日常化した時代に起きた事件ということなんだよ。しかし、そのテロがまさかアニメ業界で起きるとは思わなかった。[*9]

京アニ事件はテロではない

東浩紀もそうだったが、京アニに女性スタッフが多いことを特徴に掲げ、それを事件の理不尽さにつなげる論法には、私は少し異論がある。

元来、仕上のセクションを中心としてアニメ制作スタジオに女性は少なくなく、近年は女性のアニメーターや制作進行スタッフも増えてきた。京アニだけが特別女性スタッフを多く雇用しているわけではないはずだが、それでも、女性スタッフが活躍したからこそ獲得できた京アニ作品の「やさしさ」と、理不尽な容疑者の犯行とのギャップを、識者らは揃って指摘した形になった。

そして、私がもう一つ、強い違和感を覚えたのが、彼らが「テロ」という語を使っていることである。事件発生直後から最も精力的にマスコミ取材に応じていたアニメ・特撮評論家の氷川竜介も、この点に言及し、疑問を呈している。*10

テロ（テロリズム）というのは、「政治目的のために、暴力あるいはその脅威に訴える傾向。また、その行為。暴力主義」（広辞苑）であって、政治的な思想、目的が前提になっている行為である。末尾にある「暴力主義」という意味での慣用的な用法もあり、これは暴力行為によって不特定多数の人を恐怖や不安に陥れることを示す。京アニ事件に対する識者らが使った「テロ」は、そのように慣用的、あるいは比喩的に使ったのかもしれない。

しかし京アニ事件は、政治的思想を背景にしたものとは思えない。京アニに対する直接かつ明確な殺意をもって引き起こされたもので、そのことによって不特定多数の人々（たとえば京アニファンや京アニ以外のアニメ制作スタジオ）に恐怖を与えることが犯行目的だったとも考えがたい。京アニだけが標的だったのではなかったか。

したがって、結果的に他のアニメ制作スタジオの所属スタッフらが恐怖を感じる形になったとしても、容疑者側にその意図がなかったと考えられる京アニ事件は、テロとは根本的に異なる。

それに、京アニ事件を「テロ」だと断じれば、事件と容疑者とを、あるいは容疑者と京アニとを、さらには容疑者とアニメとの関係を引き離し、事件や容疑者を分析する姿勢を放棄することになりかねない。

事件発生から時間は経っておらず、繰り返すが容疑者から供述が得られていない段階では、やむを得なかったのかもしれないが、「テロだ」と断じたテキストは、ネット上などに残存し続けることになる。

そもそも、評論家、批評家、そして研究者を名乗る者は、何を成すために仕事をしているのだろうか。

世に発生している事象を的確に捉え、分析し、事実に基づき語りながらも、一歩踏み込んで真理を追究しようとする姿勢が求められるはずである。そこで、結果的に事実誤認が生じて、訂正したり謝罪したりしなければならないことは起き得るが、それは評論や研究をやっている以上、ある程度はやむを得ないことだと考えなければならない。

京アニ事件は、テロではない。過去の何かの事件と比較するものでもなく、空前絶後の凄惨で理不尽な凶行である。

それが、押井守が指摘したように、あろうことかアニメ界で起きたという事実に、「専門家」は向き合うべきである。これから容疑者の取り調べが進み、公判に入って、さらに多くの事実が明らかになってくれば、そのステージに応じて、真理は追究され続けなければならない。

3、容疑者像をいかに捉えるか

ネットで炎上した大学教授のコラム

前節でも、事件の容疑者の捉え方に触れたが、それは容疑者が京アニ作品の愛好者だったかどうかというところから、アニメ、アニメファン、あるいはアニメオタクが十把一絡げに偏見と差別の対象となることが危惧されたものの、そうはならなかった、という流れであった。

また、容疑者の生い立ちから事件を引き起こすまでの道筋も容疑者像の捉え方であるが、これは第2章で短く触れた。それにこれは、事件の動機や容疑者の人格面の検証まで、やはり本格的な取り調べを待たなければならない。

そうした中で、事件後、数は少ないものの、容疑者像について独自の論を展開した例がいくつかある。

一つ目の例は、大阪芸術大学教授による「終わりなき日常の終わり：京アニ放火事件の土壌」と題するコラムである。

ウェブ「インサイトナウ（INSIGHT NOW!）」に、事件3日後の7月21日に掲載され、その直後からSNSを中心に拡散、内容が激しく非難されて「炎上」し、記事はいったん削除された。そして、4000字近くあった原文から、タイトルを「終わりなき日常の終わり」に変えて、わずか800字あまりに短縮されて掲載し直された。タイトルから「京アニ」は消え、本文からも事件に関する内容はほぼ消えたが、非難は止まず、結局7月25日にこれも削除された。

その後、筆者の教授は、ウェブ「J-CASTニュース」のインタビューに応じて、反省と、記事の内容と執筆の背景や意図について釈明した。[*11]

どのような内容のコラムで、何が問題となったのか。オリジナルの記事は削除されてしまっているが、2020年4月末現在、ネット上にはいわゆる「魚拓」として掲載ページが残っており、探索すれば読むことはできる。

コラムは、きわめて痛ましい事件であると書き始めながら、日本のアニメの歩みに移っていく。そこでは、テレビアニメ『うる星やつら』(1981〜86)の成功以後、日本のアニメは学園ものが人気を集めるようになったこと、その理由は「学園」がアニメファンにとっての「共通体験」であり、ファンは年齢を重ねて大人になってもその共通体験を求めてきたこと(これを「終わりなき日常/学園祭」とした)、その志向がアニメを愛好するオタクたちの存在を支えてきたこと、そして京アニの作品の多くも学園ものであるとした上で、次のように京アニの仕事を位置づける。

京アニという製作会社自体が、終わりなき学園祭の前日を繰り返しているようなところだったからだろう。学園物、高校生のサークル物語、友だち話を作り、終わり無く次回作の公開に追われ続けてきた。内容が似たり寄ったりの繰り返しというだけでなく、そもそも創立から40年、経営者がずっと同じというのも、ある意味、呪われた夢のようだ。天性の善人とはいえ、社長の姿は、『BD』の「夢邪鬼」と重なる。そして、そうであれば、いつか「獏」がやってきて、夢を喰い潰すのは必然だった。

（筆者注：『BD』とは『うる星やつら』の劇場映画版第2作『ビューティフル・ドリーマー』のこと）

明らかに京アニの仕事に疑問を呈する内容である。この引用部分にとどまらず、『涼宮ハルヒの憂鬱』、『らき☆すた』、『聲の形』なども、「終わりなき日常」を繰り返す作品として批判的に取り上げている。その上で、引用にあるように、経営者（八田英明）が創立から「ずっと同じ」であることを「呪われた夢」などとしている。ここでいう「獏」とは、事件の容疑者のことを指しているのだろうか。だとすれば、「獏」を京アニが呼び寄せた、とも読める。

特にネット上で炎上した要因となったのが、次の一文である。

いくらファンが付き、いくら経営が安定するとしても、偽の夢（絶対に誰も入れない隔絶された世界）を売って弱者や敗者を時間的に搾取し続け、自分たち自身もまたその夢の中毒に染まるなどというのは、麻薬の売人以下だ。

つまり、「終わりなき日常」を求め続けるファンを「弱者や敗者」と決めつけ、彼らの願望を「搾取」してきた経営安定主義のアニメ界を、京アニもろとも「麻薬の売人以下」と切って捨てた（ように読めた）。

筆者の教授は、「麻薬の売人以下」の「主語に『京アニが』とは書いていません」と釈明したが、これは無理がある。

確かに、コラム全体としては、京アニ事件を批判する内容になっているが、学園ものアニメ、つまりは「終わりなき日常」を「熱烈なファン」が求め続け、それに迎合してきたのが日本のアニメ界であり、「京アニは、一貫して主力作品は学園物なのだ」としているのだから、事件の容疑者を生んだ土壌の生成に京アニも加担してきた、と読まれても、何の不思議もない。

教授は、釈明の中で、「むしろ京アニはこうした流れに逆らってきた会社です。どうにか自分達でプロデュースし、作品のクオリティで一生懸命勝負し、それが評価されてファンがついてきています」と語ったが、それを示唆する内容は、オリジナルのコラムにまったく書かれていない。

私は教授に、京アニに対する悪意があったとは思わないし、釈明の内容もそのまま受け入れたい。しかし、「悲惨な事件があって、一気に色々と思うことが吹き出してしまった」と言われても、コラムはすでに公に出てしまった後である。

このコラムの1行目には、「あまりに痛ましい事件だ。だが、いつか起こると思っていた」とある。これが教授の、一番の本音だろう。「終わりなき日常」を求め続けるファンに迎合する現在のアニメ界がある限り、京アニ事件のような悲劇は「いつか起こる」、そういう悲劇を起こすファンがいつか現れる、それが現実のものとなってしまった、という見立てであり、教授が描いた容疑者像である。

「オタクはやがてアニメを殺す」

もう一つの例として、アニメーション監督の山本寛《ゆたか》が自身のブログに掲載した「僕と京都アニメと、『夢と狂気の12年』と『ぼくたちの失敗』」、そして「『被害者側』か『加害者側』か」と題する2件の文章である。[*12]

山本は大学を卒業後京都アニメーションに入社し、『涼宮ハルヒの憂鬱』の演出なども手がけた。京アニ退社後は、実質的にフリーの立場で実写映画なども制作、最新作の劇場用アニメ『薄暮』（２０１９年）に至るまで、アニメーションに対する独自の価値観を主張し、実践し続けている。

ブログの2件は実質的に続きものであり、いずれも京アニ事件に対するものであるが、後者の「『被害者側』か『加害者側』か」の次の一文に、山本の主張は集約されている。


この事件はアニメ制作会社が襲撃された。必然的にオタクたちは「被害者側」となる。……だが、僕はそう思っていなかった。犯人は間違いなくオタクだ。そう思ったからだ。最初の不確かな供述から、直感的にそう思っていた。

「オタクはやがてアニメを壊す」。僕は随分前から、業界の流れやオタクたちに充満する空気から、そう読み取っていた。いや実際既に「壊し」始めていた。そして結果として今、オタクはアニメ会社をも壊した。


ここで山本のいう「オタク」とは、京アニ事件の容疑者のことを指してはいるが、同時に「オタクたち」、つまりオタク全般をも指している。

そして山本はこの一文を、「もちろん犯人を許さない。そして犯人を生み出す土壌となった、このオタクの狂暴化した『空気』を許さない」と結んでいる。

最初に掲げた教授も山本寛も、事件の容疑者を批判しながら、同時にそうした容疑者を生んだ土壌としてのアニメ界を批判している。そして、アニメ界はファン（オタク）たちに迎合し、いわば共同作業の結果、アニメ界は維持されてきた、というロジックも共通している。

しかし、山本のブログの内容は、ＳＮＳで拡散したものの、教授のコラムほどの炎上にはならなかった。これは、山本が普段からＳＮＳで主張してきた「オタクの狂気」という論調と重なるものであり、その経緯や山本の言動の形を知っていたＳＮＳユーザーが多かったからかもしれない。

それに、教授はアニメの専門家として著作を数多く発表しているような立場ではなく、今回いきなり出てきていきなり持論を展開した、という形になった。コラムの前半で述べられた日本のアニメ史にしても、「１９７３年の手塚プロダクションの瓦解」と述べたり（正しくは「虫プロダクション」であり「手塚プロダクション」はまったくの別会社）、『うる星やつら』の話題に展開したいがために「サンリオ資本のキティフィルム」と出したり（しかもサンリオとキティフィルムは関係ない）、ちぐはぐな内容が目立つ。

一方の山本寛はアニメ制作のプロであり、その主張には多少なりとも説得力が伴う。特に山本は、同ブログで京アニ在籍時代の、事件で犠牲になったメインスタッフらのエピソードを多数紹介しており、精読に値する。しかし、山本の「オタクの狂気」という主張が、広く合意形成されるに至ったとはいえない。

両者の主張の大きな違いは、教授は、京アニをも含むアニメ界全体が「終わりなき日常」を求めるファンに迎合してきた結果容疑者が現れ、犯行に及んだという容疑者像を描き、一方の山本寛は、少なくともここで引用したブログ掲載の2本に関する限り、京アニを含まない形で、「オタクの狂気」の結果として現れた容疑者像を描いた、というものである。

教授は釈明の中で、事件の容疑者を生んだ土壌の生成に京アニも加担した、と読めたとすれば、それは自分の「書き方が悪かった」と述べた。

しかし私は、日本のアニメが学園ものに特化してファンに迎合し、京アニの仕事も学園ものの作品の量産の一翼を担ってきた、という歴史観そのものは、あってよいと思う。ただ、その歴史観と容疑者像とを直結したのは、やはり根拠がなさすぎた。

いずれにせよ、30年前の連続幼女誘拐殺人事件の時とは違って、アニメファン＝オタク＝狂気の輩＝事件を引き起こした、というロジックでの容疑者像は、事件以後現在まで、ほぼ排除されている。

ただし、そういうロジックを内包しながらも封印している者は、アニメーションの専門家のみならず、ジャーナリストや、犯罪心理学などの研究者の間にも、いると思われる。このロジックをどの程度持っているかが、今後捜査が進んでいく中で、どのような容疑者像として捉えるかの分かれ道になるだろう。

いいかげん30年前の記憶が掘り返される状況を見たくない私としては残念だが、そう考えるしかない。

4、実名報道をめぐる議論

報道機関はなぜ京アニの意に反して実名を公表したか

7月18日の事件発生当日から犠牲者が出たことが伝えられ、8月27日に犠牲者全員の実名が公表されるまで、その情報の錯綜、議論の推移は、京アニ事件の特性をさまざまな形で示した。

また、この問題は、犯罪による犠牲者の氏名を公表するか否かという点について、これまでの類似例や、ジャーナリズムの役割といった縦軸の議論に加えて、アニメ制作に従事する者たちが犠牲になった点がいかに特殊なことかをもあらわにした。ネット上での不確実な「犠牲者リスト」作成と拡散が、その最たる例で、これはネットが存在したからというよりも、アニメ制作従事者が犠牲になったことが大きな理由である。京アニ事件における実名報道の是非を議論するにあたっては、この点を外せない。

しかし、8月27日の全員の実名公表後も、報道各社やフリーのジャーナリストらによって半年以上続いた実名報道の検証作業・記事の中では、この点にあまり触れられていなかった。

私はジャーナリストではなくアニメーション研究者なので、持ち得ている情報や知見は限られているが、実名報道の是非について、アニメ制作従事者が犠牲になった、という点に着目する形で、考えてみたい。

まず、第1章でも述べたように、こうした事件では、所轄の都道府県警本部の判断で、犠牲者の身元が判明すれば速やかに公表されることになっている。しかし京アニ事件では、京アニ側から公表を当面差し控えるよう申し出があり、その後、京都府警ではなく警察庁が判断を主導するようになった。その背景には、一部の国会議員らの働きかけがあったことも明らかになっており、しかもこれは国会議員独自の判断というよりも、京アニ側の心情を国会議員が理解する形で働きかけるに至ったらしい。

8月27日の全員公表の際、警察の記者クラブ発表では、ここまで実名非公表だった25名のうち実名公表に同意しているのは5名の遺族で、残り20名の遺族は実名非公表を希望しており、報道の際はこの点を配慮するように求めた。しかし、一部の新聞などを除いて、ほとんどのメディアが全員の実名公表に踏み切った。

地元紙の京都新聞は、こうした京アニ側の意向、代理人弁護士の立場、国会議員の働きかけ、新聞社内での実名報道に関する議論、そして読者側へは届きにくいメディアの立場など、一連の経緯を詳細に検証しているが[*13]、他のメディアによる検証記事でも、実名公表までの約40日間はきわめて異例の経緯をたどったことが指摘されている。

次に、なぜ報道機関が、いわば多くの遺族の意向に反して、ほぼ揃って実名公表に踏み切ったのか。その理由を各社とも記事に添えて表明したが、「事件の重大性を正確に伝えるため」「重い現実を共有するため」という定型句が並び、たとえば日本経済新聞は「尊い命が失われた重い現実を社会全体で共有し、検証や再発防止につなげるために」とした。京都新聞も、「尊い命を奪われた一人一人の存在と作品を記録することが、今回のような暴力に立ち向かう力になると考えています。これまでの取材手法による遺族の痛みを真摯《しんし》に受け止めながら、報道に努めます」とした。

毎日新聞は、実名報道記事の末尾で「亡くなった方々の氏名を含め正確な事実を報じることが、事件の全貌を社会が共有するための出発点として必要だと考えます」とした上で、「実名原則、その都度議論　毎日新聞の立場」というタイトルの解説を、記名記事として別に掲載した。[*14] ここでは、「重要な出来事を正確な事実に基づき広く伝えることが報道の使命であり、当事者の氏名は事実の根幹である」とした。

確かに、被害者が匿名のままなら、情報としては不完全ということになる。ただ、実名であれば、事実の記録としては確かだが、事件報道にあたって、遺族の意向に反してまで「正確に伝える」理由になるのかどうか、報道機関は、過去の経緯（前例）に従うだけではなく、論理的に説明する必要がある。

そうした中で、同じく毎日新聞は、「京アニ放火　被害者の実名公表の意義とは」と題する解説を、やはり記名記事として別に掲載し、ＪＲ福知山線脱線事故や相模原障害者施設殺傷事件での実名公表に同意した遺族の声を取り上げ、その意義を主張した。[*15] 相模原事件では、第１章で述べたように、すべての犠牲者の実名は非公表になり、乗客１０６名の死者を出した福知山線脱線事故でも、あまり知られていないが、４名の犠牲者の実名が遺族側の意向を受け、報道では非公表となった。

ただ、こうした検討の場合、実名公表に同意しなかった遺族側の意見を同時に取り上げることが必要だと思うが、私が確認した限りでは、毎日新聞だけではなく、どのメディアの記事にも、それがなかった。

「再発防止」という視点

読売新聞は、「実名を基にした取材によって、警察発表の事実関係をチェックし、正確性を高めることは、報道の使命でもある」[*16]とした。これは報道機関による「権力監視」の大義として、よく言われることだが、では京アニ事件の実名公表の場面では、何を「監視」する必要があったのだろうか。

「重い現実を共有する」というのは、報道機関側が、ある種の価値観を大衆に求めていることになる。現実の「重さ」をどう感じるかは人それぞれであり、実名が非公表だったとしても、犠牲者の数や性別、犠牲者それぞれの立場（職業など）、そして年代などの情報で、その「重さ」を十分に感じる人も少なくないはずである。

２０２０年春は、新型コロナウイルス感染症の蔓延で、連日多くの死者数が報じられた。当然、ごく一部のタレントなどを除いて、実名が添えられることはないが、その人数や年代を聞くだけでも、大衆は事態の「重さ」を感じることになる。感染症と犯罪とは違う、という反論は当然だが、一人の実行犯（現在は死刑囚）が19人もの命を奪った相模原障害者施設殺傷事件では、報道はおろか公判で実名が伏せられても、大衆は事件の重さを感じとることができたはずである。

朝日新聞は、「亡くなった方々に多くの人々が思いをはせ、身をもって事件を受け止められるように報道する。それが、事件に巻き込まれた方々の支援や、再発防止のあり方を社会全体で考えることにつながるのではないか――。私たちが事件ごとに検討しながら、実名報道を原則としているのは、そのような思いからです」[*17]としたが、ここでも、実名非公表であったとしても「身をもって事件を受け止められる」人たちが大勢いるのではないかという疑問に対して、答えていない。

「事件に巻き込まれた方々の支援」についていえば、実名報道に関係なく、事件直後から多くの寄付が集まった。

そして、朝日新聞のコメントにもあった「再発防止」につなげるという理由には、強い違和感を覚える。実名公表が、その後の犯罪抑止につながった事実があるのであれば、それを添えた上で報道すべきである。

制作者という「公」の立場

以上、いずれもジャーナリストではなく、アニメーション研究者としての見解だが、一方の京アニ側、そして遺族側の意向は、どうだったか。

京アニ側は、遺族を守るという立場で一貫していた。7月21日に出された声明では、「(犠牲者の氏名は)ご遺族のご意向を最優先とさせていただきつつ、少なくともお弔いが終えられるまでの間は、弊社より公表する予定はございません」とされ、以後この立場を堅持した。

この「お弔いが終えられるまでの間」という一文を、私は素直に飲み込めなかった。それが、四十九日なのか、一周忌か、三回忌か、いつまでなのかと考えたからである。おそらく、そうしたことではなく、遺族が納得できた、もしくはけじめと感じた時が、その時なのだろう。

しかし、その遺族の判断は、結果的に、かなり大きく分かれた。事件数日後から、安否不明のまま報道機関の取材に応じていた遺族、8月2日の最初の10名の実名公表後に取材に応じた遺族、テレビ取材の場合は音声のみか否か、などである。

取材に応じた遺族には、必然的に取材が集中することになる。そこでは、いわゆるメディアスクラム(集団的過熱取材)が生じる可能性があり、それを理解した上で取材に応じる遺族は、いわば「二次被害」を受けることにもなりかねない。京アニが実名公表を避けたのも、そうしたことが背景にあったはずである。

では、私が京アニ事件でのこうした実名報道の是非や、公表時期についてどのように考えていたかといえば、それは「可能な限り早期に実名公表すべき」だった。

その理由は、報道各社が列記した項目にあえてなぞらえると「事件を正確に伝えるため」になるが、単に正確さが必要だと考えたからではなく、事件の被害者（犠牲者）が、常に実名を公表した上で仕事をしている、しかもアニメという大衆文化の制作者として、「公」の立場で仕事をしているからである。その証として、テレビアニメであれば毎週の放送で、クレジットタイトルに制作者として表記される。

上智大学文学部教授の音好宏《おとよしひろ》は、「今回の事件は、世界的に知られた作品をつくったクリエーターたちであり、その業績を伝え、誰が亡くなったのかを知らせる意味も大きいだろう[*18]」としたが、「世界的に知られた」といった他者の評価に関係なく、アニメファンは、その作品制作に参加したスタッフが誰と誰なのかを強く意識する。それが、第1章で述べた、作品のクレジットタイトル（エンドロール）に対するアニメファンのこだわりにつながっている。

もちろんアニメファン全員ではないが、熱心なファンであれば、その作品の監督、キャラクターデザイナー、作画監督、美術監督といったメインスタッフは「レジェンド」として、ある意味スルーし、逆にメインでない一人ひとりのスタッフ名を覚えようとする。テレビアニメであれば、数十名いるアニメーターの一人に過ぎないが、その一人がどの程度頻繁にエンドロールに現れるのか、また他の作品にも関わっているかどうかを追いかける。そして数年後、そうした中の一人が才能あるアニメーターとして注目された時、駆け出しの過去の仕事から知っていたことが、ファンにとっての大きなステイタスになる。

作品にもよるが、テレビアニメであれば1話約300カット、劇場用長編であれば1本約1500カットのうち、各アニメーターがどのカットを担当し描いたのかが情報として公開されることがあるため、個々のアニメーターの技能や個性を把握でき、お気に入りのアニメーターの過去の仕事を探索する意味でも、エンドロールにこだわりをもつ。

声優の場合もまったく同じで、ある作品で「生徒A」といった形でしかクレジットされない駆け出しの声優が、ある時主役を演じるような人気を得たとき、過去の「生徒A」時代の仕事から注目していたかどうかが、ファンにとって重要なのである。

こうした細部へのこだわりは、アニメファン特有のものではないとは思うが、そのこだわりの程度、強さは、やはり特有のものである。

だからこそ、事件直後から、「安否不明者」リストが、インターネット上に次々とアップロードされた。そのリストでは氏名とともに、「亡くなったらしい」か「安否不明」かが書かれ、しかも個々人それぞれに、関わった作品が列記されたリストも流布、それらは随時情報が更新された。

これが、京アニ事件での、実名報道の是非を考える際の最も特殊な背景で、同時に、かつてない事態だった。京アニファンらにとっての被害者の実名へのこだわりは、少なくとも報道機関の記者らが考えていた以上に切実で、大きかった。

報道機関のいう「実名をもって現実感が伝えられる」といったことではなく、エンドロールに氏名が記載されることに「現実感」があり、匿名のままだと、犠牲者、負傷者ともども、いつまでも安否不明者リストにさらされることになる。

この安否不明者リストの存在を、京アニ側は、どう考えていたのだろうか。犠牲者の遺族の意向を最大限尊重し、犠牲者を守ることは何よりも重要だが、その結果として、リストはネット上に残り続けるし、それは被害者らの二次被害にもつながりかねない。

京アニはリストについての考え方を表明していないが、私は、京アニは遺族側に十分説明し、その上で、遺族全員が同意できる公表の時期と方法を模索していたと推察したい。

しかしその一方で、匿名のまま時間が過ぎれば、京アニを支えてきた多くのファンたちの気持ちが、置き去りにされてしまう。

「作品がすべて」と八田英明はいうが、その八田率いる京アニが、実際のところファンをどのように捉え、考えてきたのか、あらためて聞きたいと感じた。

報道における個人情報の扱い

最後に、今後報道機関が京アニ事件を含めて、実名報道の是非を検証し考察するのであれば、個人情報の保護の観点が、過去から現在に至るまで、報道の場面でどのように変わってきたかという視点を加えるべきだと考える。

1985年8月12日に起きた日航ジャンボ機墜落事故では、520名もの犠牲者のほとんどについて、実名や性別、年齢、職業はもとより、居住地の番地番号、そして、なぜ事故機に搭乗していたのかに至るまで、一人ひとりについて報道された。その一覧表は、現在でも新聞報道の記録として、ネット上で見ることができる。現在、同じ形での報道は、おそらくできないだろう。

「実名公表が前提だから」という前例主義に陥ることなく、その解釈は時代を通じて変遷してきたこと、個々の事件の特殊性によって議論が進んだこと（または滞ったこと）、実名報道には常に賛否両論がつきまとうが、当事者側（遺族など）と読者側との賛否両論は意味がまったく異なること、これらをわかりやすく、たとえば一覧表（マトリクス）にして、では京アニ事件はどの升目に入るのか。

その上で、京アニ事件の実名報道において踏み込んだ内容があったのであれば、ここで報道機関の義務や使命を添えて、主張されるべきである。

5、国内外からの寄付

欧米的な寄付が身近なものに

京アニ事件の発生直後から、国内外を問わず多くの義援金が募られた。それを受け入れるため、京アニは事件6日後の7月24日に義援金を受け付ける専用口座を開設し、9月20日には京都府が設置した京都府医師会や京都弁護士会、京都市消防局などで構成される「義援金配分委員会」に移管された。

9月9日には京都府も義援金の受付口座を開設し、京アニの専用口座へ寄せられた義援金は、こちらへ移管された形になった。

これは、京アニ事件での個人からの義援金が、所得税法上の「特定寄附金」に、また法人からの義援金は法人税法上の「国等に対する寄附金」に該当し、その全額が損金の額に算入され、税制上の優遇措置を受けられることが、特例として決定したからである。このため、確定申告にあたって、京都府が発行する受領証が必要となり、事務手続き上、京都府の管理が合理的だということになった。

総務省や国税庁によれば、犯罪被害者への寄付に対して、税法上の優遇措置を適用するのは初めてだという。京アニ事件が、いかに日本全体に対して大きな影響を及ぼしたのかが、ここでも理解できる。

これを受け、京都市も9月6日、区役所や図書館など43施設、京都市営地下鉄の全31駅に募金箱を置き、10月末まで義援金を受け付けると発表し[*19]、京都市を挙げて支援に乗り出した形になった。

海外で募られた寄付金がどのような扱いになったのかは確認できていないが、国内でさまざまな法人（学校法人やＮＰＯ法人などを含む）や団体によって募られた義援金は、委員会に委ねられたと考えられる。

結果的に、義援金は合計33億４１３８万３４８１円になり、２０２０年2月28日に開催された委員会の最終会議によって報告され、事件の犠牲者（遺族）、負傷者合わせて70人への分配が決定された。遺族や負傷者らが受け取った義援金も、非課税となった。

このように、京アニ事件に対するファンや市民らによる支援についても、義援金の総額から税法上の優遇措置の適用に至るまで、前例のないことになった。

そして、そのこと以上に、私はこれほどまでに義援金、いわば「寄付」が集まったことに驚いた。それは、日本には欧米のような寄付文化が根づいていない、と言われて久しいからである。

『寄付白書２０１７』（日本ファンドレイジング協会）によれば、日本の個人寄付総額は７７５６億円、一方の「寄付大国」のアメリカは30兆６６６４億円となっている。隣国の韓国と比較すれば、個人寄付総額は日本のほうがやや上回っているが、名目GDPに占める割合でみると、アメリカは1・44％、韓国は0・5％、日本は0・14％となって、韓国のほうが上回り、日本の少なさが際立つ。[*20]

日本に寄付文化が根づいていない理由として、日本人は無償の相互扶助の精神が根づいていて金銭的援助を求めない、税制による優遇措置がない、といったことが挙げられることはあるが、一方で、仏教など宗教的な場面での寄付（托鉢）は古くからあり、また近年頻発している大規模自然災害などを経て、日本人のマインドは変化してきているという指摘もある。事実、東日本大震災では、個人寄付推計総額は総計1兆182億円にのぼった。[*21]

欧米のような、自らの資産を社会貢献のために差し出す「寄付」と、災害や犯罪被害者を支援する「義援金」とは、質的に異なるという考え方はあるかもしれない。

しかし、ここ数年さまざまな文化的プロジェクトに際して、インターネットを通じて資金を募るクラウドファンディングの普及を見ていると、欧米的な寄付が身近なものになってきていると考えることはできる。

一例を挙げれば、今般の新型コロナウイルス感染症の蔓延で、多くの文化イベントが自粛要請によって中止、縮小を余儀なくされ、文化の萎縮が懸念される中で、全国のミニシアターと呼ばれる小規模映画館は、たちまち運営・維持が危機的な状況に陥った。その中で立ち上がった「ミニシアター・エイド基金」によるクラウドファンディング（参加は85劇場72団体）は、瞬時にSNSで拡散され、4月13日のスタートからわずか3日間で1億円を超えた。[*22] しかも、最終的に、約3億3000万円に達している。

日本は国として文化にお金をかけない、国民の文化への関心が低いという意見はしばしば聞こえてきたが、少なくとも後者について異を唱えるような事例は、以上のように、増え始めている。

京アニ事件での義援金の件を含めて、日本に根づく文化の新たな未来が、見え始めている。

注

＊1　この事件に関する諸事項は、一橋文哉『宮﨑勤事件――塗り潰されたシナリオ』（新潮文庫、2003年）によった。

＊2　文献によって被害者数に若干の違いはあるが、本稿では、池田宏「『ポケモン事件』とその対

応」『アニメーション研究』Vol.1, No.1A.（1999年）：23―29ページによった。
＊3 『『スクールデイズ』『ひぐらしのなく頃に解』　アニメ休止は『過剰反応』？』J-CASTニュース、2007年9月27日20時30分。
＊4 前掲＊3、J-CASTニュース。
＊5 前掲＊3、J-CASTニュース。
＊6 古谷経衡「″アニメオタク差別″を変えた京都アニメーションの偉業と追悼と。」Yahoo!ニュース、2019年7月20日5時23分。
＊7 東浩紀「京アニ事件には憎悪ではなく穏やかなやさしさを」『AERA』2019年8月12・19日合併増大号。本稿での引用は電子版「AERA.dot.」2019年8月8日16時00分より。
＊8 岡田のニコ生での発言を文書化した「note」（「京都アニメーション放火事件について」2019年8月4日7時00分）から引用。
＊9 「押井守に聞く！俺的アニメトピック2019」『週刊文春エンタ！アニメの力。』2019年12月19日：50―51ページ。
＊10 氷川竜介『アニメ映画のリアル』（ロトさんの本 VOL.41）、自費出版、2019年。
＊11 「『麻薬の売人以下』は『京アニのことではない』純丘曜彰・大阪芸大教授、炎上コラムの真意語る」J-CASTニュース、2019年7月27日20時16分。
＊12 「僕と京都アニメと、『夢と狂気の12年』と『ぼくたちの失敗』」2019年7月29日10時48分、「『被害者側』か『加害者側』か」2019年7月31日0時01分、いずれも「山本寛オフィシャル

ブログ」より。
＊13　京都新聞電子版、２０１９年12月23日、25日、28日に連載。
＊14　「実名原則、その都度議論　毎日新聞の立場」毎日新聞電子版、２０１９年８月27日19時43分。
＊15　「京アニ放火　被害者の実名公表の意義とは」毎日新聞電子版、２０１９年８月27日21時40分。
＊16　読売新聞「社説」２０１９年８月18日朝刊。
＊17　「京アニ放火殺人と実名報道　メディアはどう向き合ったか」朝日新聞電子版、２０１９年９月10日５時00分。
＊18　前掲＊17、朝日新聞電子版。
＊19　「京アニへの寄付、初の税負担軽減　個人・企業に優遇措置」朝日新聞電子版、２０１９年９月６日23時22分。
＊20　「日本で進まぬ寄付文化、その理由とは」、「ＪＰＲＩＭＥ」２０１９年４月22日。
＊21　鈴木大悟「日本人は『寄付が嫌い？』『寄付の文化がない？』統計や歴史から分かった、ウソホント」、「寄付ナビ」２０１９年11月19日。
＊22　「『ミニシアター・エイド基金』クラウドファンディングが国内最速３日で１億円突破！」、「映画.com」２０２０年４月16日。

第5章　事件をいかに記録するか

1、京アニの再興へむけて

待ち望まれる新作

京都アニメーションは、事件当日の報道で、「民間信用調査会社によると、1981年創業で2019年3月期の売上高は24億円、従業員数は155人」[*1]となっている。また、全国の商工会議所などが参加・運営する商取引支援サイト「ザ・ビジネスモール」によれば、京都アニメーションの事業所概要（最終更新日2020年5月1日）は、資本金1000万円、従業員数154人、となっている。

事件前後にかけての従業員数の増減については明らかではないが、元請のアニメーション制作会社としては中規模、「準大手」である。

したがって、百数十人規模の集団から36人もの犠牲者を出し、また多くの社員が長期入院や療養を余儀なくされた京アニ事件は、その犠牲者・負傷者のほとんどがアニメーターなど実制作部門のスタッフだったことを考え合わせても、影響がはなはだ大きい。事件後に退職したスタッフはほとんどいなかったとのことだが、事件前の陣容と制作体制に復興させるには、かなりの時間を要するだろう。

事件直前に完成していた劇場用長編『ヴァイオレット・エヴァーガーデン 外伝』は9月に公開されたが、2020年1月に公開予定だった劇場用長編『劇場版 ヴァイオレット・エヴァーガーデン』は、作品の公式サイト（2019年9月6日付）で「諸般の事情により、公開日を調整」とされた。

その後、11月9日に同サイトで「2020年4月24日に公開」と発表され、ファンを安心させたが、2020年4月6日、「新型コロナウイルス感染症拡大に伴う日本政府による発表を受け、慎重に検討を重ねた結果、公開日を延期することを決定」となってしまった。しかし同日の発表で、「映画本編は既に完成を目前にし、公開に向けて進めておりました」とあるので、事件後、制作ラインは復活しており、当初予定（1月公開）よりも約3か月の遅れにとどまっていることになる。

もう一本、テレビアニメ『Free!』の劇場長編版『Free! シリーズ完全新作劇場版』は2020年夏公開予定だったが、公開時期は未定になった。

公開延期や未定の報が続く形にはなっているが、すべてのファンは、京アニ作品の新作を待ち望んでいる。

日本のアニメが海外でも人気を得ていることは、以前から伝えられてきたが、それは京アニ作品でも同じである。事件直後から現場に設置された献花台を訪れる外国人は多く、彼ら彼女らのコメントも多くの報道記事で紹介された。

中国の女子大学生は、「ギターを弾き出したのも、日本への留学の希望も、すべて京アニから始まった」と、現場前で語った。[*2]

実際、海外の若者たちが、日本に関心を持つきっかけも、日本語を学ぶきっかけや教材もアニメだというのは、1990年代以降に顕著になった。かつて、外国人の日本料理への関心といえば、寿司、刺身、天ぷらなど「高級料理」を富裕層がたしなむものというのがお決まりだったが、ある時期からの若者らは、たこ焼き、ラーメン、メロンパンなど「ジャンクフード」に関心を持ち始めるようになり、これらはほとんど漫画やアニメからの影響である。

人材育成には時間がかかり、京アニはアニメ業界一般で実践されているよりもさらに長い時間をかけて育成してきた人材の宝庫だったわけだから、事件前の体制を完全復活させるのは相当に先になるかもしれないが、国内のみならず海外の多くのファンは、復活を祈っている。

京アニへのリクエスト

そうした京アニの再興を待つ一人でもある私は、一つ、京アニにリクエストしたいことがある。それは、事件以後から再興に至るまでの道筋を、リポートとしてまとめて公開してほしい、というものである。

もちろん、事件そのものや被害者についての言及は必要ない。事件以後のマスコミへの対応、義援金の扱い、新たなスタッフの拡充や教育・制作体制の変化、取り組みなど、どのように再興を考え、実行していこうとしたのか。その過程の中で見えてきた課題は何であって、それにどう対処したのか。

京アニにとって事件はまったくの惨禍であり、それについて外へ向けて果たす義務などあろうはずもなく、すべては新作の完成と公開である、という考えは当然である。もとより「秘密主義」と言われた京アニが、事件以後の内部事情を外向けに発信するなど、考えられないことかもしれない。

しかし、事件が与えた衝撃は全世界に広がり、結果的に京都府が所管する委員会が立ち上がるという公的な動きにつながった。それに、きわめて不本意ながら、事件によって「京都アニメーション」というスタジオが日本国内で、アニメファン以外にも広く知られる存在となり、多くの人がその行く末を案じた。

事件以後、京アニが何を考え、判断し、実行したのかは、アニメ業界にとどまらない貴重な知的財産として、一般にも活用できる可能性がある。

京アニにとって信頼できる法務家や、意図を十分に汲み取り執筆できるライターなどがいるのであれば、一考をお願いしたい。

2、犯罪被害者の権利保護と報道の自由

取材に応じた遺族も

日本の法令では、何らかの罪を犯して被告人として裁判を受ける場合の、刑事被告人の権利については戦後まもない頃から整備されてきた。対して、犯罪被害者の権利保護に焦

点があたったのは、2000年代に入ってからである。

犯罪被害者（被害当事者やその家族・遺族等も含む）が受けた被害を軽減、または当人への支援をし、同時に犯罪被害者がその被害に係る刑事手続きに関与できることを目的に定めた犯罪被害者等基本法が成立したのは2004年である。これによって、たとえば被告人の公判で、犯罪被害者が法廷に立ち、被告人に直接質問する機会が与えられることになった。

しかし、犯罪被害者として最初に受ける「被害」は、事件当日から始まる報道機関の取材によって発生するといえる。わが子を殺害された遺族が、自宅前でいきなりマスコミから「一言！」と何本ものマイクを向けられる、あの様を想像すれば、それが「被害」でなくて何なのか。

最近はそこまで露骨な場面を眼にすることはなくなってきたが、しかし犯罪被害者である当人やその家族・遺族らが取材攻勢にさらされる現状に変わりはない。こうした「被害」に関しては、「報道の自由」の原則とも対立し、また犯罪被害者等基本法でも、この点に関する十分な救済が講じられているとは言えない。

京アニ事件では、京アニ側が犠牲者の実名公表に難色を示し、京都府警が実名公表に踏み切ったのが事件から約40日後になったが、その一方で、事件直後から取材に応じた犠牲者の遺族もいた。この遺族らが、報道機関からどのような取材を受けたのか、事件から半年以上経って、遺族の一人が明らかにした。この遺族は、2か月間で37社に及ぶ取材を受けたが、その印象を、次のように語った。[*3]

事件翌日、(中略)第2スタジオに立ち寄った際に初めてテレビ局(NHK)の取材を受けたんです。そして、「改めて取材をしたい」と、次の日の昼間に自宅に来られた。外がまっ暗になった頃にやっと取材が終わって、ホッとしていたらインターホンが鳴ったんです。

玄関を開けると今度は、カメラを手にした別のテレビ局の男性が1人で来ていました。「NHKに出てたから、うちの局でも〝顔出し〟をしてほしい」って言うんです。顔出しは断りましたが、話を始めた時に、また別のテレビ局のカメラマンが1人でやって来ました。

極限状態の遺族との比較などできるはずもないが、私自身、事件直後いったんは取材を断り、当日夜に最初の取材に応じてそれが記事になり、翌日からどっと取材を受けた、という経験をしている。

この遺族も、それから取材対応の毎日だったという。そこで遺族は「犯罪被害者」として取材を受け、慇懃《いんぎん》無礼な質問の連続で精神的に疲弊していく、いわゆる「二次被害」を受けたのではないかと想像される。取材した側の報道関係者たちは、自分は遺族のもとへ訪れるマスコミ関係者の一人に過ぎないこと、そして取材相手の遺族側が持ち得る権利を、どの程度意識していたのだろうか。

遺族の回想は、次のように続く。

> 入れ替わり立ち替わり、誰かしらがほぼ毎日。切り出しの言葉こそ、「このたびは…」と慎重ですけど、あとがひどい。「今のお気持ちは?」って皆さん聞く。そんなもん、言わんでもわかるやろと。それぐらい察してくれよと思いますよ。「事件についてどう思うか?」、「どんなお嬢さんでしたか?」、「小さい時は?」、そんなん、ワーワー言われて…そして最後にみんな、判で押したように聞くんです。「犯人には何を思うか?」、ズケズケ聞くなよ、と。でも、聞きたいんやろうね。そ

れが仕事なんやろね。中には、「上（上司）から言われて来たものですから」なんてかたもいましたよ。

専門家の仕事とは

京アニ事件にとどまらず、これまでに私が数多くの報道取材を受けてきた印象から述べると、特にテレビ局のディレクターは、さまざまな質問をしながら、それが実は遠まわしの質問であって、私に何らかのことを言わせようとしている本音に気がつくことがある。それは大抵、私がしゃべろうとする内容とはズレる方向のものであって、そういうズレを避けつつ答えていても、先方は方向性を変えないので、私は痺れを切らして「すみませんが、私は何を言えばいいんですか？」と聞き返す、ということが何度かあった。

そして、各社とも同じ、または似たような質問を、何日経っても変わらず出してくる場面も多い。

京アニ事件について言えば、放火殺人という事件そのものについて語る資格は、私にはない。しかし、日本のアニメの過去と現在という時間軸や、現在のアニメ界における京アニはどういう捉え方があるのか、といった切り口では、いろいろな語り方がある。取材記者たちにも、そうした切り口で掘り下げていけば、報道内容をさらに立体化できたのではないかと思うことが何度もあった。

そういう報道の視点を提案し、提供するのも、専門家たる私の仕事の一つである。

一例を挙げれば、現在のアニメ界における京アニ、というところでは、作品の特性とか評価とかは、多くの報道機関から質問を受けた。結果、同じような答え（報道内容）が並ぶことになる。

各社で揃って同じ報道内容になることは、それなりに意味のあることかもしれない。一方で、アニメを学ぶ学生の立場からみた京アニ像、そしてそうした学生を京アニはどう見ているのかは、第3章で触れたとおりである。同時にこの内容は、なぜ京アニ作品は絶大な人気があり、評価されているのかという面から一歩進んで、観客から非常に近い位置にな作り手の立場があるという、日本のアニメ界を長らく支えてきた構図に直結する視点に至る。しかし、この種の質問はきわめて少なく、報道機関側の興味もさほどではなかった。

報道の自由というけれど、「自由」になれていないのは報道機関側なのではないか、私は率直に、そう感じた。

それでも、引用した記事の中で、遺族は、最後にこう締めくくった。

もちろん、そんな記者ばかりではありません。取材にならなくても来てくれて、落ち着いてまじめに話を聞いてくれるかたもいる。そういうかたにはこちらもきちんと話そう、そう思いました。

自由とは無限大という意味では決してなく、何らかの枠組み、制約があるからこそ「自由」という概念が成り立つ。私のような研究者の立場からすれば、枠組みという「線」を引くときに、最も緊張する。それは、報道機関に所属するジャーナリストであっても、同じだと思う。

3、犠牲者の鎮魂の場

スタジオ跡地をどうするか

全焼した第1スタジオの跡地を、犠牲者の鎮魂の場にしようというプランは、事件後かなり早い時期に京アニ側から出てきていた。犠牲者の実名公表の時期との関連でいうと、たとえば鎮魂の場が整備されて、そこで初めて犠牲者の実名を、といった考え方も、京アニにはあったのではないかと想像される。こうした場の設置案は、遺族側からも出ていたようである。

建物の敷地面積を考えれば、小さな緑地なら整備できそうだし、そこを鎮魂の場に、というのは、ごく自然な考え方である。

しかし、この構想に対して、地元から懸念の声が上がった。仮にスタジオ跡地に何らかの場が整備されると、遺族やファンの来訪が絶えず、住民の生活に影響が及ぶ、というものである。

これは、実際に現地に行ってみると、よくわかる。比較的新しい住宅が並ぶ中に、狭い道路を隔ててスタジオは建てられていた。住宅地とスタジオは、ほとんど接しているともいえる。最寄りの幹線道路からスタジオ跡地に直結する道路はいずれも狭く、必ず住宅地の中を通っていく形になっている。

地元側は、2019年12月の段階で、「スタジオ周辺に不特定多数の人が訪れる状況が続いた」として、慰霊碑を建てたり公園にしたりしないよう、京アニに申し入れたという。[*4] 明けて2020年1月、スタジオの解体工事が始まった頃、地元の町内会会長は、次のように語った。

「遺族の方の気持ちも、ファンの方々の気持ちもよく分かるのですが、慰霊碑が出来てしまうと、節目節目に大勢の方がいらっしゃることになる。京アニさんはそれだけ愛されていたということなのでしょうが、ここは我々の生活の場でもある。そのあたりを斟酌してもらえればと思います[*5]」

これに対して、京アニの代理人弁護士は、「ご遺族や地元その他関係者とも協議し、諸般の事情を総合的に考慮の上、判断させていただきたい[*6]」としたが、同年4月28日にスタジオの解体工事が終了した時点でも、跡地をどのように利用するか、具体的には決まっていないという。

地元側が難色を示し、京アニに申し入れをしている以上、慰霊碑などを建立して、遺族やファンが追悼できる場に整備するのは、困難だと思われる。

一方で、多数の犠牲者を出した事件・事故の現場に石碑などを建て、周年ごとに慰霊の式典が催されるようになった事例は少なくない。慰霊式典ということでいえば、現場でなくても、適切な施設を使って毎年行うのも可能であるが、関係者にとって、やはり「現場」の意味は大きいだろう。それに、別の場所で慰霊などを行うとしても、結局スタジオ跡地をどうするかが解決しない。

私は、跡地には京アニがこれまで蓄積してきた作品制作のための資料を保管する施設（建物）を造ることを提案したい。

事件によって、第1スタジオ内にあった紙資料がすべて焼失したとのことだったが、他の第2スタジオなどを含めて、まだ相当に資料等は残存しているはずで、また今後も、紙に描かれる作品素材や資料は日々生産される。これらを一括して保管する、いわばアーカイブとしての建物を造るのである。ただし、アーカイブされた資料は当面外部への公開などは考えず、あくまでスタジオの「倉庫」のような運用を前提とする。

そして、どの程度の規模の建物かにもよるが、数十人程度を収容できる小ホールのような部屋を建物内に併設し、普段は会議や研修など実務的な目的で使用しつつ、毎年の慰霊式典の場として活用する。遺族だけではなく、ファンも参列したいと考えるはずだが、これは戦没者追悼式のように、「ファン代表」として、毎年抽選で選べばよい。

跡地に何らかの建物ができれば、それをランドマークとしてファンが訪れることにはなるかもしれないが、そこはあくまで倉庫に類する実務的な場である。「慰霊の場」ではない以上、不特定多数のファンが訪問し続ける懸念は軽減され、地元側との合意形成は、慰霊碑などを建てるよりも、可能ではないかと考える。

もちろん、新たな建物の建築には相当の費用が必要となるだろう。しかし、火災によって多くの人命が失われ、また作品素材などの資料も失われ、それらの記憶をとどめつつ、今後どのように発展的なプランを構築するかという意味で、アーカイブとしての機能を兼ね備えた施設は、あってよいと考えるものである。

4、研究者の立場から

アーカイブの重要性

京アニ事件発生から、1年が経つ。報道などで、事件そのものが取り上げられる機会は少なくなった。容疑者の本格的な取り調べが行われ、公判へと進めば、その節目ごとにニュースなどで取り上げられるだろうが、京アニ関係者はもちろんのこと、京アニファンにとっても、もはやあまり接したくない話題になるかもしれない。

事件を受けて、研究者や評論家、批評家といった立場でアニメーションに関わる者は、私を含めて、今後何をどうしていくべきなのか。

京アニが以前の体制に戻り、制作する作品を注目していくことはもちろんだが、ここで私が取り上げておきたいのは、前節でも述べたアーカイブについてである。

アーカイブとは、文書などの記録を保管・活用すること、またはそのための施設を示し、国立公文書館や、国立映画アーカイブ（NFAJ、旧称「東京国立近代美術館フィルムセンター」）などが、これにあたる。地域の図書館も広い意味でのアーカイブに相当するが、図書を広く公開し、教育・普及の目的が強い図書館よりも、アーカイブは重要な記録や文化資料などの保管と、研究を目的とする活用に、主眼が置かれている。

従来、アニメーション分野のアーカイブとは、完成作品としてのフィルムやビデオテープなどが収集対象であった。フィルムについては、NFAJによって、戦前に制作された古いフィルムを中心に収集されてきたが、網羅的に収集されているとは言えない。

図書は、国立国会図書館法によって、単行本から雑誌に至るまで国会図書館に納本が義務化され、収集・保管・活用されてきたが、アニメーションは、そうした法整備がないため、国内で制作されたアニメーションが、どこかに行けば見ることができるという現状にはない。

テレビアニメなどの商業作品の場合、作品に関係するさまざまな権利が複雑で、アーカイブのような公共施設に収納されたとしても、それを活用していくにあたって解決しなければならない課題は多く、現在まで、効果的な形で実現できていない。

そして近年、アニメーション分野のアーカイブとして、絵コンテ、原画、セルなどの作品制作素材の保管・活用の問題が、盛んに議論されるようになってきた。

従来、これらの作品素材は、作品が完成して放送・上映が終われば、使用済みの中間生成物として、もっとはっきり言えば「ゴミ」として処分されたり、ファン向けに販売されたりして、そのほとんどが散逸してきた。

　したがって、セルや原画などは、むしろ個人によるコレクションが重要な「アーカイブ」になってきたという現状なのである。

　ある程度の余力があり、また原画などの価値（単に資料としての価値にとどまらず、著作権を有するものとしての価値を含む）を認識する一部のアニメ制作会社などは、倉庫を借りて、そこに保管しているが、たとえばアニメーターによって1枚1枚描かれる原画などは、その量が膨大で、とても一会社が独自の判断で保管し続けられるものではない。

　そこで、膨大な原画の中でも、そのすべてを収集保管するのではなく、重要なシーンの重要な原画を「選別」して保管していく、絵コンテや設定資料など作品の根幹に関わる資料は選別することなく「すべて」保管する、といった仕分けの考え方が議論・提案される形になり、これが現在も続けられている。

　併せて、セル画は元来長期保存が難しく、色あせや劣化が起きやすい。原画などの紙資料も、湿気によるカビや変色が生じやすい。このため、１９６０〜70年代に制作された作品のセルや原画は、保存環境が悪いため劣化した状態で確認されることも少なくない。この場合、保存以前に「修復」という作業が必要となるが、アニメのセルや原画の修復技術は確立されていない。

　そして、以上のアニメ関連資料は、主にアナログ時代の古い資料に関するものであり、デジタル制作された現在の作品の場合、そのデジタルデータをどう選別し保管するかというのは、これから同時に議論していかなければならない。

　こうした現況で起こったのが、京アニ事件だったのである。

　また、2019年秋に相次いで襲来した台風による大雨、洪水によって、各地の博物館や図書館に保管されていた資料が大量に水没し、修復不可能なほどの被害を受けたものもあった。2019年は、期せずしてアーカイブの重要性が認識された年にもなった。

　京アニが、過去の作品関連資料をどのように保管してきたのかは明らかではないが、少なくとも火災によって第1スタジオ内にあった紙資料はすべて焼失したということだから、こうした万が一の事態によって生じる被害を回避するためには、どのような保管方法があり得るのかを、検討していく必要がある。

　アニメーションは、かなりデジタル制作が導入されてきてはいるが、絵コンテ、キャラクターデザイン、レイアウト、原画、動画は現在でも紙に描かれる場合が多く、少し以前なら背景画も多くが手描きだった。また、これらの作業途上で作成される多くのメモやラフ画、作品の舞台となる現地で描かれるスケッチなども、貴重な資料である。

先ほど述べたように、これらを「すべて」保管するには物理的に無理があり、またその必要性も低いという考え方もある。とすれば、各々の資料をどのように評価し、永久保存してアーカイブに供する資料と、そうでない資料とに仕分けるのか、これをマニュアル化することが求められる。

京アニは、独自にそうしたマニュアル的なものを整備し、保存資料を管理・活用する形になるだろうが、すでに劣化が進みつつある古い資料や、他のスタジオ・制作者の考え方などを集約して、合意形成が得やすいアニメ・アーカイブの考え方を提案するのは、研究者の仕事である。

京アニが前に進んでいくために

京都アニメーションには、何よりもまず事件によって失われてしまった人材と設備を再興していくことが必要だが、それには長い時間を要するかもしれない。

しかし、私が第3章で書いた「京アニは一つの家族である」というスピリットは決して失われるはずはなく、またそのスピリットをもってすれば、たとえ時間は多少かかったとしても、必ず元の京アニがそこにあり、日々作品が制作されることになると考える。

私が本書で京アニに対して提案したことがいくつかある。一つは、事件以後のことをリポートとしてまとめること、そして第1スタジオ跡地の利用方法についてのこと。あとは、商業ベースで作品制作しているのだから、孤高のアーティストのように「作品がすべて」とまとめてしまわず、外部との距離感や接点の持ち方を、考え直すことも無駄ではないと思う。

つまるところ、そうした京アニが京アニとして進んでいくためには、結局ファンの存在が重要である。

今回の事件で、私が衝撃を受けたことの一つは、ほとんどブランド化していると信じていた京アニが、一般には意外に知られていなかったことである。まだまだ、京アニの存在や、京アニが制作したアニメの素晴らしさを知らない人たちが多いことの証左でもある。

アニメファン、そして京アニファンは、底知れず美しく、そして限りなく気品に溢れた京アニ作品を楽しむ喜びを、もう少し周りの人たちが「ふっと」気づく程度のバランス感覚で伝えながら、ともに京アニ作品を見て楽しみ、京アニの復興を応援していきたい。

注

＊1　「『京アニ』スタジオで爆発＝複数死亡か、負傷30人以上　放火の疑い、男を確保」時事通信電子版、2019年7月18日13時51分。
＊2　「『国境を超えてファンをつないでくれた』京アニの献花台　連日、海外ファンも祈り」毎日新聞電子版、2019年8月17日17時57分。
＊3　「京アニ放火事件、遺族が呆れる『無礼で無遠慮な取材者たち』」NEWSポストセブン、2020年2月7日7時00分（『女性セブン』2020年2月20日号掲載）。
＊4　「事件現場の京アニスタジオ、解体終了『社員一同、心のなかに』」京都新聞電子版、2020年4月29日18時15分。
＊5　「京アニ放火事件『跡地に慰霊碑』めぐり遺族と反対住民の葛藤」デイリー新潮、2020年1月22日16時59分。
＊6　「京アニ、スタジオ本体の解体始まる　跡地の利用なお未定」朝日新聞電子版、2020年1月22日21時24分。

【著者】
津堅信之（つがた のぶゆき）
1968年兵庫県生まれ。近畿大学農学部卒業。アニメーション研究家。日本大学藝術学部映画学科講師。専門はアニメーション史。近年は映画史、大衆文化など、アニメーションを広い領域で研究する。主な著書に、『日本のアニメは何がすごいのか』（祥伝社新書）、『ディズニーを目指した男 大川博』（日本評論社）、『新版 アニメーション学入門』『新海誠の世界を旅する』（ともに平凡社新書）など。

平 凡 社 新 書 9 4 8

京アニ事件

発行日——2020年7月15日 初版第1刷
　　　　　2020年8月1日 初版第2刷

著者——津堅信之

発行者——下中美都

発行所——株式会社平凡社
東京都千代田区神田神保町3-29 〒101-0051
電話 東京（03）3230-6580［編集］
　　 東京（03）3230-6573［営業］
振替 00180-0-29639

印刷・製本—図書印刷株式会社

装幀——菊地信義

ISBN978-4-582-85948-5
NDC 分類番号368.6 新書判（17.2cm） 総ページ208
平凡社ホームページ https://www.heibonsha.co.jp/

平凡社新書　好評既刊！

836
新版 アニメーション学入門
津堅信之
最新事情をカバーしたアニメーション学のニュースタンダード。

885
日航機123便墜落 最後の証言
堀越豊裕
撃墜は果たしてあったのか。日米双方への徹底取材によって、論争に終止符を打つ。

903
警察庁長官狙撃事件
真犯人〝老スナイパー〟の告白
清田浩司
岡部統行
警察は真犯人を知りながら、なぜ逮捕しなかったのか。未解決事件の核心を衝く。

904
親を棄てる子どもたち
新しい「姨捨山」のかたちを求めて
大山眞人
高齢者のためのサロンを運営する著者が、「棄老」に至る現場のリアルを伝える！

908
平成史
保阪正康
平成は後世いかに語られるか。昭和との因果関係をふまえ、時代の深層を読む。

911
虐待された少年はなぜ、事件を起こしたのか
石井光太
被虐待、性非行、ドラッグ依存……。少年犯罪の病理と矯正教育の最前線を追う。

916
新海誠の世界を旅する
光と色彩の魔術
津堅信之
『君の名は。』などの舞台を訪れ、その技と独自性が衝撃を与えた理由を考察。

941
塀の中の事情
刑務所で何が起きているか
清田浩司
シャバより居心地がいい？刑務所問題を追ってきた記者が最新事情を徹底取材。